Birgit Hartung

Schwul, lesbisch, hetero ……

Ein langer Weg zur Versöhnung in Familie und Gemeinde?!

Manuela Kinzel Verlag

Impressum:

Manuela Kinzel Verlag
06849 Dessau * 73037 Göppingen
Tel. 07165 / 929 399

info@manuela-kinzel-verlag.de
www.manuela-kinzel-verlag.de

1. Auflage 2022

ISBN 978-3-95544-165-4

Inhaltsverzeichnis

1. Vorworte

1.1. Dr. Volker Krüger

Dieses Buch ist großartig! Es zeigt auf, wie überaus wichtig Wertschätzung ist. So wie sie Jesus uns damals vorgelebt hat – entgegen vieler vorgefasster Meinungen und Traditionen. Es ist zu beklagen, dass Homosexuelle in den vergangenen Zeiten diskriminiert, manchmal sogar verfolgt wurden – ja sogar bis heute. Viele Christen haben sich schon längst ihre feste Meinung gebildet und sind unfähig geworden, einen Dialog zu führen. Das Porzellan ist bei dem Thema „Homosexualität" leider längst zerschlagen worden. Mit dramatischen Auswirkungen für alle Beteiligten. Dieses Buch ist nicht dazu da, dass Sie sich „Futter" holen, um für Ihre vorgefasste Meinung eine Rechtfertigung zu bekommen.

Vielmehr zeigt die Autorin Birgit Hartung in sehr feinfühliger Weise auf, dass man Gespräche miteinander wieder ganz neu lernen kann, auch da, wo so lange nur Konfrontation oder Sprachlosigkeit geherrscht hat. Die zahlreichen persönlichen Beispiele in diesem Buch zeigen die ganze Tragweite mit dem Umgang von Homosexualität auf: von Konfrontation und Tränen bis hin zu Dialog und Wertschätzung. Die Lebensbilder, die in das Buch eingeflossen sind, sind so überaus wertvoll.

Auch die biblischen Überlegungen von Birgit Hartung zeugen von ihrer persönlichen Lebensreise als Mutter und Angehörige: Tatsächlich finden wir in den Evangelien keine Aussagen zur Homosexualität. Ist Homosexualität eine bewusste Entscheidung der Auflehnung gegen ein vermutetes biblisches Lebensmodell, oder vielmehr Ausdruck einer Schöpfung, die sich nach dem Ausschluss aus dem Paradies verändert hat, also quasi das Ergebnis eines schicksalhaften Verhängnisses – so wie die Ursünde alle Menschen trifft – egal ob wir es wollen oder nicht. Und welche Konsequenzen haben all diese persönlichen und geistlichen Überlegungen auf das Verhalten von Kirchen und Gemeinden?

Zu all diesen Themenkreisen zeigt Birgit Hartung ihre authentische Position auf – und gerade deswegen ist dieses Buch so ein wertvoller Beitrag aus christlicher Perspektive zum Thema „Homosexualität".

Dr. Volker Krüger, Ph.D./M.A. in Theologie

1.2. Tom Fricke, Zwischenraum e.V.

Birgit und Martin Hartung lernte ich auf einem Seminar für Angehörige homosexueller Menschen kennen, das Zwischenraum e.V. in Zusammenarbeit mit der Evangelisch-Freikirchlichen Akademie Elstal und den Baptisten Schönenberg veranstaltete. Bis zu diesen Seminaren kannte ich durch meine Mitarbeit bei Zwischenraum die Geschichten von sehr vielen Menschen, die aufgrund ihrer sexuellen Orientierung oder geschlechtlichen Identität ihre Gemeinden verlassen haben oder ver-lassen mussten. Zu ihrer eigenen schwierigen Situation kam dann oft noch der Verlust von Freundeskreis und teilweise Familie hinzu.

Die Situation der mitbetroffenen Eltern, Geschwister, Freunde usw. wurde mir durch die Berichte in den Seminaren neu bewusst und ich war sehr betroffen, wie Gemeinden mit den Angehörigen als „Co-Betroffene" umgehen. Es herrscht Sprachlosigkeit, wo doch eigentlich Gespräche, Gebet und Unterstützung so dringend notwendig wären. Aber meist wird das Thema tabuisiert.

Deshalb ist dieses Buch eine wunderbare und sehr notwendige Ergänzung zum Thema „Umgang mit Homosexualität in unseren Gemeinden".

Birgit Hartung hat den Mut gehabt, als Mutter und Christin die Situation von Angehörigen aufzugreifen und ihre eigene Entwicklung aus theologischer und persönlicher Sicht ehrlich und anschaulich zu schildern. Auch die Berichte weiterer Angehöriger unterstreichen die Notwendigkeit, dass Gemeindeleitungen und Pastorinnen und Pastoren in ihren Gemeinden einen Dialog zu diesem Thema anstoßen und ihre Gemeindemitglieder in solchen besonderen Situationen nicht allein lassen sollten.

Für mich war es ein sehr ermutigendes Erlebnis, dass Birgit, Martin, mein Mann und ich uns am Ende des Seminars gegenseitig unter den Segen Gottes stellen durften und Stärkung und Mut für die nächsten Schritte erfahren haben.

Ich wünsche allen Leserinnen und Lesern dieses Buches viele neue Impulse und den Mut, neue Wege zu gehen.

Tom Fricke, Vorstandsmitglied Zwischenraum e.V.

1.3. Birgit Hartung, Autorin

„Mama, was ist das Schlimmste, was einmal aus deinen Kindern werden könnte?" – „Nun ja, ich glaube, wenn sie Homosexuelle wären oder Neonazis, das wäre wohl das Schlimmste für mich." Wenn ich heute an diese Antwort denke, dann schäme ich mich zutiefst. Stellte doch meine Tochter diese Frage und ich hörte nicht und ich verstand nicht, was sie zutiefst bewegte.

Später habe ich mich dann tatsächlich manchmal gefragt, ob es meine Angst war, die meine Kinder dorthin gebracht hat, aus dem Gedanken heraus: „Was du am meisten fürchtest, das wird dir widerfahren." Ja, wie viele Fragen stellte ich mir als Mutter, wie viele unbefriedigende Antworten fand ich, auch gemeinsam mit meinem Mann. Wie viele Tränen weinte ich aus Angst, dass meine Kinder vor allen Dingen auf dem direkten Weg in die Hölle wären? Wie viele Tränen weinten meine Kinder im Wahrnehmen ihrer Gefühle und in der Erkenntnis, damit völlig allein zu sein?

Wohl kaum ein Thema wühlt die Gemeinde Jesu momentan emotional so auf wie das Thema Homosexualität. Waren es in früheren Zeiten Themen wie Rockmusik oder Sex vor der Ehe, Ehescheidung und Wiederheirat, die Wiederkunft Jesu oder der Beginn des Tausendjährigen Reiches, dann ist es heute das Thema Homosexualität, welches polarisiert. Da scheint es so auf den ersten Blick gar keine Diskussion zu geben, denn Gott hat so klar gesagt, dass ihm das ein Gräuel sei. Und außerdem hat er uns geschaffen als Mann und als Frau. Ja, und dann gibt es da diese Gender-Bewegung, die ja auf jeden Fall vom „Feind" initiiert ist. Und unsere Sicht ist so klar und das tut uns gut. Es tut uns gut, einen Standpunkt zu beziehen, dann sind nämlich wir drin und gehören dazu und die anderen sind draußen, dann haben wir unsere Eckpfeiler gesteckt und fühlen uns sicher. Und ganz ehrlich, wenn ich nicht so persönlich und gleich mit meiner Tochter und mit meinem Sohn betroffen wäre, wie intensiv hätte ich mich mit dem Thema Homosexualität auseinandergesetzt? Ich weiß es nicht.

Doch das gehört zu unserem Leben: Zwei unserer drei Kinder sind homosexuell. Und deshalb war das Thema nah, so unglaublich nah. Wie würde ich heute auf die am Anfang beschriebene Frage antworten: „Weißt du, was das Schlimmste ist, das ich mir vorstellen kann?" – „Mit meinen Kindern unversöhnt leben zu müssen und dass auch sie nicht versöhnt mit sich und ihren Mitmenschen und Gott durchs Leben gehen können." Das wäre wohl heute meine Antwort und die schlimmste Vorstellung.

Mein Mann und ich können heute dank Gottes Gnade sagen, dass wir einen tiefen inneren Frieden von Gott empfangen haben. Wie es dazu gekommen ist, soll dieses Buch beschreiben, in der Hoffnung, dass es zum Nachdenken anregt, zu Gesprächen und neuen Sichtweisen verhilft und zur Versöhnung zwischen homosexuellen Menschen und ihren Angehörigen beiträgt.

Birgit Hartung

2. Einleitung

Das Zeitalter der Aufklärung liegt weit zurück. Und doch gibt es vieles, das an Traditionen und einfach Gewohntem noch nicht reflektiert und durchdacht ist. Vieles, das einfach aus vorangegangener Zeit übernommen wurde. Das muss natürlich nicht schlecht sein, doch verleitet es uns dazu, zu bewerten und in richtig und falsch zu kategorisieren. Das, was ich gelernt habe, das, was einfach so war, das ist richtig: die Norm meiner Familie, die Norm der Gesellschaft, die Norm unserer Kultur, die Norm meiner religiösen Prägung.

Trotzdem unterliegen Normen einer Wandlung, und ich muss nicht bis ins 17. Jahrhundert zurückgehen, um zu sehen, wie die Dinge sich verändern. Gehe ich nur eine Generation zurück zu meinen Eltern (geb. 1937), so sehe ich sie als Kinder vor mir, geboren in einer damals 14.000-Einwohner-Stadt. Dort, wo heute (80 Jahre später) Tausende von Autos täglich über die Straßen fahren, sind meine Eltern im Winter Schlitten gefahren. Als meine Eltern sich verliebten, gingen sie um ihre Heimatstadt herum wandern. Ein Kino gab es wohl auch schon mit Zorro, Oliver Hardy und Stan Laurel. Ich selbst wurde 1965 geboren. Ich erinnere mich, dass meine Tante unser erstes Telefon beantragte. Mit Wählscheibe. Eine Fahrt nach Hannover zu Verwandten oder eine Urlaubsfahrt an die Nordsee (vier Personen in einem VW-Käfer), das war so etwas Ähnliches wie eine Weltreise.

Heute steht mir die Welt durch mein Handy offen. Keine Information, die ich nicht binnen Sekunden bekommen kann. Hier sitze ich im Urlaub, klicke zweimal und weiß, wie viele Einwohner es in jedweder Kleinstadt um 1940 gab.

So vieles hat sich im Laufe von zwei Generationen rasant weiterentwickelt, dass es einem den Atem verschlägt. Von einer Zeit, in der es noch nicht in jedem Wohnzimmer einen Fernseher gab, hin zu einer Zeit, in der beinahe jedem Kind der Zugang zu einer unüberschaubaren Vielzahl an Informationen zugänglich ist.

Was die Geschichte uns noch lehrt, ist, dass es immer wieder Menschen gab, die sich getraut haben, Neues zu denken und zu wagen, Menschen, die ihren Weg gegangen sind, die dabei zum Teil ihr Leben gelassen haben, aber die gesagt haben, was sie sagen mussten, weil sie nicht anders konnten, weil ihr Denken und Gerechtigkeitsempfinden nicht zuließ, dass sie schwiegen. Nur so entwickeln sich Dinge weiter. Nun, sich zum Thema Homosexualität zu äußern, das kostet einen – zumindest in unserem Land – nicht unbedingt das Leben, aber es kann einen die Familie, die Gemeinde, den Freundeskreis und möglicherweise den Arbeitsplatz kosten. Das Thema ist brandheiß, spaltet Gemeinden, ruft Ängste, Abgrenzung ... hervor.

Gesellschaftlich hat sich so manches verändert. Die Rolle der Frau: Von einer Zeit, in der Mädchen wenig galten, eine „nützliche“ Ausbildung machen sollten und Kinder gebären hin zur Frauenquote in jedem Vorstand. Oder nehmen wir das Verhalten Autoritätspersonen gegenüber. Ein Beispiel: Wenn mein Vater aus der Schule kam und berichtete, dass er vom Lehrer geschlagen wurde, dann bekam er von seiner Mutter direkt noch eine Ohrfeige hinterher. Wenn ich nach Hause kam und mich ungerecht in der Schule behandelt fühlte, dann wurde mir erklärt, dass der Lehrer auf jeden Fall recht habe. Kamen meine Kinder nach Hause und fühlten sich ungerecht behandelt, so war es keine Frage, dass auch das Verhalten eines Lehrers hinterfragt werden durfte. So wandeln sich die Dinge.

Hinweisen möchte ich auch noch darauf, dass ich dieses Buch als Erzieherin mit therapeutischer Zusatzausbildung verfasse. Ich bin weder ausgebildete Theologin noch Psychologin. Meine Gedanken sollen einfach Anstöße sein und haben mit dem Leben zu tun. Sie sollen darauf aufmerksam machen, dass es hilfreicher sein kann, in einen Dialog zu treten, als ein Feindbild zu erstellen. Dass es besser sein kann, auf das Gemeinsame zu schauen, als auf die Dinge, die trennen. Vielleicht können Sie manchen Gedanken teilen und lehnen den ein oder anderen ab. Wir sind dazu aufgefordert, Dinge zu prüfen und das Gute zu behalten. Letzten Endes muss jeder Mensch mit jedem wichtigen Thema des Lebens seinen eigenen Weg finden, der für ihn richtig und gangbar ist. Jedes Leben hat seine individuellen Höhen und seine Herausforderungen. Für uns war es eine mächtige Herausforderung, gemeindlich einen evangelikalen, konservativen Ursprung zu haben und mit zwei homosexuellen Kindern gesegnet zu sein. Diese Aussage, dass homosexuell empfindende Menschen ein Segen sind, von Gott gewollt, erschaffen und geliebt und in keiner Weise „sündiger“ als heterosexuell empfindende Menschen, mag Sie an dieser Stelle erschrecken, doch diese Aussage treffe ich heute.

Wie ich zu diesem Standpunkt komme, den ich vor gar nicht allzu langer Zeit noch nicht vertreten hätte, das beschreibt dieses Buch. Dieser Standpunkt hat in keiner Weise etwas damit zu tun, dass ich meine konservativen Wurzeln verleugne und mich in eine „liberale Ecke“ bewegt hätte, sondern damit, dass ich zutiefst glaube, dass Gott die Liebe selbst in all ihren Facetten ist und dass jeder Mensch durch das Kreuz Jesu Zugang zu dieser Liebe hat.

Ich schreibe dieses Buch als Angehörige homosexueller Menschen, aber auch mit Sicht auf die Gemeinde Jesu, die sich vielfach sehr schwertut, sich diesem Thema überhaupt zu stellen. Doch definiere ich Gemeinde als den Teil der Menschheit, die Jesus Christus als ihren Herrn und Erlöser erkennen und anerkennen, dann schließt der Begriff Gemeinde homosexuell empfindende Menschen, die eben dieses tun (an Jesus zu glauben), mit ein. Dann entscheiden nicht wir als Menschen, welcher Christusnachfolger „würdig“ ist, zur Gemeinde zu gehören und in ihr mitzuwirken und welcher nicht. Sondern der einzelne Mensch, der eine Entscheidung für Christus trifft, ist neu geboren, in eine Familie hinein, die eigentlich Schutz bieten und nicht ausgrenzen sollte.

Lassen Sie sich mit in dieses Buch hineinnehmen, das sich damit beschäftigt, was Homosexualität ist und wie sie entsteht; das mit dem Bild, das wir vielleicht so ganz allgemein von Homosexuellen haben, ein wenig aufräumt; das die Möglichkeit schafft, nicht an der Ernsthaftigkeit der Bibel zu rütteln und dennoch Homosexualität zu akzeptieren. Unsere ganz persönliche Geschichte ist hierzu die Grundlage, die mich dazu bewogen hat, auch wertvolle Berichte anderer „Betroffener“ mit hineinzunehmen.

Unser Weg und Umgang muss nicht der Ihre sein. Freuen würde ich mich, wenn Sie in diesem Buch einiges fänden, was Sie vielleicht noch nie zuvor gedacht haben. Und mag es vertraut oder befremdlich wirken, mag es eine Weiche zu einer neuen Richtung stellen oder mag es Sie in Ihrem alten Standpunkt festigen. Egal, welche Entscheidungen Sie für sich treffen, ich wünsche Ihnen einen tiefen Frieden mit sich selbst, mit Gott und Ihren Mitmenschen.

3. Was ist Homosexualität?

Kommen wir nun zu der Frage, die erst einmal recht einfach zu beantworten ist, nämlich, wie wir Homosexualität definieren. Homosexualität bedeutet, dass sich ein Mensch vom gleichgeschlechtlichen Gegenüber angezogen fühlt und seine Sexualität mit diesem ausübt. Das ist zunächst einmal eine ganz sachliche Beschreibung.

Etwas differenzierter können wir Unterscheidungen treffen, wobei die nachfolgende Auflistung keinen Vollkommenheitsanspruch hat, sondern einfach mögliche Erscheinungsformen von Homosexualität darstellt:

a) Entwicklungshomosexualität

   Hier geht es um gleichgeschlechtliche Erfahrungen, die Jugendliche in ihrer Pubertät sammeln. Es geht dabei oftmals um ein Ausprobieren, weniger um die tatsächliche geschlechtliche Identität.

b) Pseudohomosexualität

   Hiermit sind Menschen gemeint, die sich homosexuellen Praktiken hingeben, ohne selbst so zu empfinden, z. B. im Bereich der Prostitution. Hierunter können wir auch die sogenannte Nothomosexualität einordnen, die im Bereich von Gefangenenlagern, bei Soldaten, bei Beschäftigten auf Ölplattformen o.ä. vorkommt.

c) Hemmungshomosexualität

Diese entsteht, wenn gegenüber dem anderen Geschlecht – aus welchen Gründen auch immer – eine solche „Berührungsangst“ gegeben ist, dass die Ausübung der Sexualität mit dem eigenen Geschlecht bevorzugt wird.

d) Neigungshomosexualität

Das wäre dann, wenn wir so wollen, die „echte“ Homosexualität. Ein Mensch fühlt sich vom gleichen Geschlecht angezogen und lebt seine Sexualität mit diesem aus.

e) Homosexualität als Folge von Missbrauch

„Zahlreiche Studien zeigen, dass Männer und Frauen mit homosexueller Orientierung deutlich häufiger homosexuellen und heterosexuellen Missbrauch erlebt haben verglichen mit heterosexuell Empfindenden. Dabei geht es meist um statistische Zusammenhänge. Ein Rückschluss auf mögliche kausale Zusammenhänge (jemand empfindet homosexuell, weil er oder sie sexuellen Missbrauch erlebt hat) ist in der Regel nicht möglich. Hier besteht weiterer Forschungsbedarf.“ (Deutsches Institut für Jugend und Gesellschaft, www.dijg.de Stand: 10.04.2021)

3.1. Zwei sehr gegensätzliche Sichtweisen

Da Homosexualität dem entgegensteht, was die meisten Menschen als „normal“ empfinden, nämlich heterosexuelle Partnerschaften, gibt sie Anlass dazu, zu fragen, warum ist das denn eigentlich so? Die eher konservative Schlussfolgerung, die daraus gezogen werden kann, ist die, dass homosexuelle Menschen, bewusst oder unbewusst, durch schlechte Vorbilder, Missbrauch, Verführung oder was auch immer vom rechten Pfad abgekommen seien und nun ein Leben fernab der Norm führen, das der Gesellschaft schadet, alte Regeln und Normen auf den Kopf stellt oder gar gegen Gottes Plan mit den Menschen verstößt.

> „1) Homosexualität ist eine Tat. Für die Antike gilt, dass Homosexualität gemacht wird, und zwar von Menschen, die grundsätzlich heterosexuell sind ... der Mensch hat Macht über seine Sexualität. Wer sich entscheidet, mit dem eigenen Geschlecht zu verkehren, tut das eben aus Überzeugung. Diese Sichtweise steht hinter der Ansicht, dass Homosexualität Sünde ist. Sünde ist ein gewählter Aufruhr gegen Gottes Ordnung. Der Schwule musste nicht schwul sein, er handelte homosexuell als Zeichen seiner Auflehnung gegen Gottes Wort.“... (1/Carsten Schmelzer/ Homosexualität, S.13 f.)

Diese Ansicht ist auch heute noch tief in allen Gesellschaftsschichten verankert. Homosexualität wird als eine Entscheidung verstanden. Aus dieser Sicht gilt: Wer homosexuell handelt, der hat sich bewusst entschieden, das zu tun. Die Norm der Heterosexualität ist die einzig mögliche Lebensform.

Dementgegen steht die Ansicht, dass Homosexualität keineswegs durch den Einzelnen „gemacht“ ist, sondern dass es eine wenig beeinflussbare Gegebenheit ist, die man sich nicht aussucht, sondern mit der man leben lernen sollte.

> „2) Homosexualität ist eine Identität. ... man handelt nicht homosexuell, sondern man ist es ... Die Anziehung vom anderen Geschlecht ist nicht ausschließlich sexueller Natur, denn bei gleichgeschlechtlicher Liebe geht es ebenso wenig nur um Sex wie bei heterosexuellen.“ (1/Carsten Schmelzer/ Homosexualität, S.14)

Also noch einmal zum besseren Verstehen: Die zweite These beschreibt, dass ein Mensch es sich nicht aussucht, homosexuell zu werden, sondern es schlicht und einfach ist.

3.2. Sexuelle Vielfalt

Außen vor bleibt hier der Gedanke, dass es neben homo- und heterosexuell eine ganze Bandbreite von sexueller Ausrichtung gibt. In einem Seminar, das ich zum

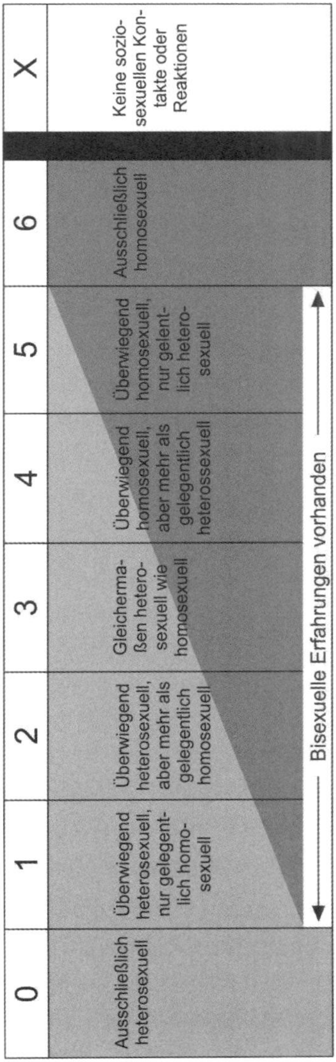

Quelle: Wikipedia, Kinsey-Skala

Thema besuchte, wurde eine Skala vorgestellt, die besagte, dass es ebenso, wie es eine geringe Prozentzahl derer gibt, die „ganz homosexuell" empfinden, auch nur eine geringe Prozentzahl derer gibt, die „ganz heterosexuell" empfinden.

Diejenigen unter uns, die Homosexualität als moralisch verwerflich empfinden, werden sich nun sicher herausgefordert fühlen. Denn gehe ich von der Annahme aus, dass wir bei dem Thema Sexualität nicht einfach nur in zwei Kategorien (homo oder hetero) einteilen können, dann finde ich mich ja vielleicht selbst auch nicht so ganz eindeutig an dem Ende der Skala wieder, an dem ich mich gerne sehen würde. Dann werde ich entweder die Skala in Frage stellen, weil sie zu sehr an meinem Weltbild rüttelt, oder sie bringt mich dazu, auch die Anteile in mir, die an meinen moralischen Wertvorstellungen rütteln, anzusehen. Dann hat das Thema plötzlich etwas mit mir zu tun.

Allein den Gedanken zuzulassen, dass es da nicht nur schwarz und weiß gibt, sondern alle Farben, das mag viele irritieren. Korrekterweise müsste das Buch dann nicht nur „Schwul, lesbisch, hetero ..." heißen, sondern schwul, lesbisch, hetero, bi, trans, queer ...

An dieser Stelle bitte ich all diejenigen, die sich beim Titel ausgeschlossen fühlen, herzlich um Verzeihung. Zum einen ist es von der Schreibweise her mühsam, jedes Mal LGBTQI plus (Lesbian, Gay, Bi, Trans, Queer, Intersex plus) zu schreiben. Zum anderen möge mir der hoffentlich wohlwollende Leser, der nicht aus einem christlichen Umfeld stammt, einfach glauben, dass das Thema auch so herausfordernd genug für uns Fromme ist. Also nichts für ungut.

Lassen wir uns also auf den Gedanken ein, dass wir uns möglicherweise nicht am ganz eindeutigen Ende der Skala wiederfinden, dann stehen wir selbst an einem Punkt, der uns in unserem ganz „Heterosein" in Frage stellt. Das gilt natürlich für Menschen, für die ihr ganz „Homosexuell-Sein" sehr wichtig ist, genauso. Aus einer Generation und einer geistlichen Prägung kommend, die es uns nicht leicht machte, Sexualität befreit zu leben, ist es sehr schwer, diese Gedanken zuzulassen und mitzugehen.

3.3. Gedanken zur Entstehung von Homosexualität

Ich beschränke mich in der Frage der Entstehung von Homosexualität darauf, einen kleinen Einblick in die Dinge zu geben, die meinen Mann und mich bewegt haben. Es gibt eine Vielzahl von Theorien und Mutmaßungen. Dabei stößt man auch auf manche obskuren Erklärungsversuche. Es gibt sicher verschiedene Ansätze, die sich aus dem Wesen des Menschen erschließen. Unsere Ganzheitlichkeit wird beschrieben durch Geist, Seele und Leib. Deshalb wird es auch so sein, je nach eigener Prägung oder Ideologie die Dinge anzusehen. Der eine Teil sieht den biologischen Aspekt, der zweite den psychologischen und derjenige mit einer moralischen Instanz wird diese ins Spiel bringen, je nach eigener geistlicher Ausrichtung. Oder auch alle Komponenten gemeinsam, verbunden mit dem sozialen Umfeld, der Kultur...

Wir merken an diesem Punkt, dass wir sehr komplex hinsehen müssten, um alle Faktoren zu berücksichtigen. Das würde dieses Buch sprengen. Aber lassen Sie mich auf drei Aspekte ein wenig eingehen.

3.3.1. Psychologische und seelsorgerliche Aspekte

Schon Sigmund Freud (1856-1939) versuchte, aus psychologischer Sicht das Phänomen der Homosexualität zu erklären und betrachtete den abwesenden Vater als eine der Ursachen. Der heranwachsende Mensch kompensiert seinen Mangel an einem guten, vertrauensvollen Vorbild durch Ausübung gleichgeschlechtlicher Liebe. Er versucht also, auf diese Art unbewusst das zu bekommen, was ihm an Aufmerksamkeit und Liebe fehlte. Gleichzeitig bekannte sich Freud dazu, dass Homosexualität nicht als Krankheit zu definieren sei:

„Homosexualität ist gewiss kein Vorzug, aber es ist nicht etwas, dessen man sich schämen muss, kein Laster, keine Erniedrigung und kann nicht als Krankheit bezeichnet werden.... Viele hochachtbare Personen in alten und neueren Zeiten sind Homosexuelle gewesen, unter ihnen viele der größten Männer (Plato, Michelangelo, Leonardo da Vinci und andere). Es ist eine große Ungerechtigkeit, Homosexualität als ein Verbrechen zu verfolgen, und auch eine Grausamkeit" (2/Kurt Wiesendanger/ Schwule und Lesben in Psychotherapie, Seelsorge und Beratung, S.49)

Gleichwohl wird der Ansatz, dass die Ursachen für Homosexualität im Elternhaus gesucht werden, auch heute noch häufig vertreten. Etwas differenzierter kann das dann so aussehen: In einer Auflistung sieht man hier die Faktoren, die vom Elternhaus her wesentlich dazu beitragen sollen, dass ein Mensch sich homosexuell orientiert. Die Informationen sind einer online Seelsorgeseite entnommen. Hier wird ein Dr. Cor Reumermann zitiert, der folgende Faktoren als maßgeblich für die homosexuelle Entwicklung von Kindern ansieht

„1. eine dominierende Mutter;
2. ein schwacher/passiver Vater;
3. eine überbeschützende Mutter;
4. brutale Eltern;
5. schlechte eheliche Beziehungen;
6. Eltern, die eine Tochter als Sohn erziehen oder einen Sohn als Tochter;
7. Mangel an gesunder sexueller Erziehung, besonders, wenn Sexualität streng als Tabu betrachtet wird."

www.bibelseelsorge.de/homosexualität 3/Stand: 03.04.2022

Und obwohl ich einerseits der Meinung bin, dass Eltern sich grundsätzlich immer hinterfragen sollten, ob ihre Erziehung dem Kind das gibt, was es braucht, frage ich mich, ob eine solch einseitige Sichtweise haltbar ist. Zugegeben, die Richtung einer seelsorgerlichen Ausrichtung würde unter diesen Gesichtspunkten feststehen. Die Eltern müssten erkennen, wodurch sie ihr Kind in die Homosexualität „geführt" haben. Im christlichen Kontext würde Gott ihnen natürlich vergeben. Die Folgen ihrer Schuld, der homosexuelle Lebenswandel ihres Kindes, wäre allerdings nicht einfach veränderbar. Die Eltern leben so bis an ihr Lebensende mit dem Gedanken, dass durch ihr Versagen das eigene Kind auf immer verlorengeht, sofern es nicht „umkehrt" oder „geheilt" wird. Ein hartes Los, das wenig Aussicht darauf lässt, jemals die Verantwortung für das Leben seines Kindes loslassen zu können. Abgesehen davon, dass, wenn das Kind keinen heterosexuellen Weg einschlägt, niemals eine Form von Freiheit eintreten wird, sondern der Makel der Sünde im Vordergrund steht.

Natürlich reagiere ich auf eine solche Einschätzung als Betroffene, aber gerade als Betroffene möchte ich sagen, wie dankbar ich bin, dass ich Menschen kennenlernte, die mir nicht mit dieser Einschätzung begegnet sind, denn das war natürlich eine der allerersten Fragen, die wir uns als Eltern stellten: „Was haben wir falsch gemacht?" Unsere Tochter selbst erklärte mir, dass das so nicht stimme, aber ich wollte nicht hören und kramte immer wieder Dinge hervor, die ich bei mir oder meinem Mann für nicht in Ordnung befand, die folglich unsere Kinder dorthin getrieben haben. Wie befreiend war dann zum Beispiel eine Situation, in der unsere Söhne sich über eine andere Familie unterhielten. Unser jüngster Sohn berichtete, wie ungerecht einer seiner Freunde behandelt wurde, wie abgelehnt er war im Vergleich zu seinem Stiefbruder. Unsere Söhne kamen in ihrem Gespräch zu dem Schluss, dass das enorm schlimm sei und unser mittlerer Sohn meinte: „So war das bei uns aber nicht, ihr wart immer für uns da." Wie tröstlich empfand ich diese kurze Konversation, weil er die Last auflöste, einfach alles nur falsch gemacht zu haben, den Kindern nicht die Liebe gegeben zu haben, die sie brauchten und sie sich dadurch folglich in eine homosexuelle Beziehung stürzen mussten, um all ihre Defizite irgendwie aufzufüllen.

Die Sichtweise, dass die Eltern „schuld“ sind, schließt die Möglichkeit aus, in einen wirklichen Frieden zu kommen. Natürlich kann ich Gott um Vergebung bitten, doch ich muss mit der Erkenntnis, dass ich als Vater zu abwesend war oder als Mutter überbehütet habe, Zeit meines Lebens klarkommen. Und da ich ja als Eltern an den Fehlern der Vergangenheit nichts mehr ändern kann, muss ich folglich vor den Gegebenheiten kapitulieren oder versuchen, an der sexuellen Orientierung meines Kindes etwas zu verändern. So komme ich leicht zu der Erkenntnis, dass ein Kind Heilung benötigt von ... ja, von was eigentlich?

Sehr prägend hat auf meinen Mann und mich die Einschätzung der Homosexualität durch Roland Werner sowie Andrew Comiskey, den wir persönlich kennenlernen durften, gewirkt.

Roland Werner, der bekanntlich als von Homosexualität geheilt gilt, schreibt unter anderem in seinem Buch „Homosexualität und Seelsorge“, herausgegeben 1993:

„So gilt grundsätzlich: Homosexuelle Gefühle sind erworben, nicht angeboren. Sie sind nicht genetisch determiniert. In zahllosen Lebensgeschichten lassen sich eindeutig psychologische Prozesse nachweisen, die zu homosexuellen Wünschen führten.“ (4/Roland Werner/ Homosexualität und Seelsorge, S. 16)

Im selben Buch kommt der niederländische Psychologe und Psychoanalytiker Gerard von den Aardweg zu Wort:

„Homosexualität ist weder eine normale ‚Variante' menschlicher Sexualität noch angeboren, also genetisch oder hormonell bedingt. Es handelt sich vielmehr um eine Sexualneurose, die ihren Ursprung in der Kindheit oder Jugend hat." (Roland Werner/ Homosexualität und Seelsorge, S. 29)

Andrew Comiskey, Verfasser des Buches „Unterwegs zur Ganzheitlichkeit", hat selbst jahrelang als Homosexueller gelebt, bevor er sich bekehrte und für sich bewusst entschied, einen Weg in die Heterosexualität zu gehen. Sein Zeugnis erschien uns glaubwürdig und zutiefst nachahmenswert, denn es „bediente" unsere Prägung vom Richtig und Falsch. Also hetero ist richtig, homo ist falsch. Gekoppelt war das Ganze aber mit einer sehr authentisch barmherzigen Sicht, geprägt von Annahme und liebevoller Hinwendung an die Menschen, die Not mit ihrer Homosexualität hatten.

Mit Blick auf die Kinsey-Skala stellt sich mir an dieser Stelle die Frage, ob nicht diejenigen, die als von Homosexualität „geheilt" galten, eben solche waren, denen es möglich war, ihr Verhalten in die eine oder andere Richtung zu „bewegen". Also diejenigen, die sich nicht ganz bei hetero oder ganz bei homo befinden, müssten ja folglich, zumindest in ihrem Verhalten, einen gewissen Spielraum haben.

3.3.2. Biologische Aspekte

Auch hier können wir verschiedene Theorien finden, zum Beispiel, dass es ein sogenanntes Schwulen-Gen gibt, was dann aber bei anderen Forschungen widerlegt wird. Oder aber, dass homosexuelles Verhalten ursprünglich auf Störungen im Hormonhaushalt der Mutter während der Schwangerschaft zurückzuführen sei. Es gibt Erkenntnisse im Bereich der Hirnforschung, dass bestimmte Zellregionen im Hypothalamus, die mit dem Sexualverhalten in Verbindung gebracht werden, bei heterosexuellen Männern zwei- bis dreimal so groß sind wie bei heterosexuellen Männern. Bei meinen Recherchen konnte ich jedoch keine eindeutig bewiesenen Rückschlüsse finden.

3.3.3. Geistliche Aspekte

Schaue ich nun aus christlich geprägter geistlicher Sicht auf das Thema *Entstehung von Homosexualität*, dann habe ich sicher verschiedene Möglichkeiten:

Die eine bezeichnet Homosexualität in Form einer Tat und aus Sicht einer gefallenen Schöpfung als Sünde. Ein Akt der Auflehnung gegen Gott. Ein bewusstes Handeln gegen Gott. Dieses sündhafte Verhalten kann im Menschen selbst verwurzelt sein oder auch in Form einer Erbschuld auf dem jeweiligen Menschen lasten.

Die andere beschreibt ein Bild des „besessenen“ Menschen. Eines Menschen, der von Dämonen gelenkt, mindestens aber beeinflusst wird. Auch an diesem Punkt könnte man jetzt wohl ein weiteres Buch schreiben. Die Palette der Theorien ist auch hier sehr weitreichend und die christliche Lehre breit gefächert. Erst neulich erzählte mir eine Freundin von einem jungen Mann, der in eine WG zog und der Meinung war, dadurch schwul geworden zu sein, weil dort die dämonische Belastung zu stark für ihn gewesen sei.

Beide Möglichkeiten, also die der Sünde als auch die des dämonisch besessenen Menschen, lassen es zu, den Menschen anzunehmen, das homosexuelle Verhalten aber nicht.

Die andere geistliche Variante, sozusagen ein Gegenpol zur Theorie der Sünde oder der dämonischen Einflüsse, erklärt Homosexualität als eine Variante der Schöpfungsordnung Gottes. Der Mensch ist in diesem Falle nicht „Täter“ oder „Opfer“ (durch Dämonen), sondern lebt in dem, wie er vom Schöpfer kreiert wurde.

3.3.4. Schlussfolgerungen

Zusammenfassend lässt sich sagen, dass es keine einfach begründete Erklärung für die Entstehung von Homosexualität im Allgemeinen gibt. Es gibt sie nicht, die simple Ursachenantwort. Es ist zu einfach zu sagen, der

Vater war nicht präsent genug oder die Mutter zu dominant. Weder die Psychologie, die Biologie noch die Theologie geben bewiesene Antworten.

„Zum einen kann man nicht davon ausgehen, dass eine einzige Theorie alles erklärt. Menschliches Verhalten ist so komplex wie der Mensch selbst, und Homosexualität ist keine Erkrankung, die man auf einen bestimmten Erreger zurückführen könnte. Sie ist auch keine Sünde, für die man sich entschieden hat und von der man mit leichter Mühe wieder Abstand nehmen kann. Sie ist komplex und nach der derzeitigen Datenlage kann man nicht in jedem Fall sagen, wie sie entstanden ist. Diese Schlussfolgerung schützt vor zu groben Vereinfachungen." (5/Carsten Schmelzer, Homosexualität, S. 200)

Wir sehen uns jedoch damit konfrontiert, dass bestimmte Schlussfolgerungen bestimmtes Handeln fordern. Sehe ich Homosexualität als eine Krankheit, eine psychische Störung oder als Rebellion gegen Gott an, dann bin ich als Betroffener oder als jemand, der zum homosexuell empfindenden Menschen in Beziehung steht, zum Handeln herausgefordert. Dann muss ich doch etwas „dagegen" tun, dann kann ich es nicht als gegeben hinnehmen.

Ich selbst bin ein sehr lösungsorientierter Mensch. Und wenn ich die Ursache für ein Problem erkenne, habe ich in den meisten Fällen die Möglichkeit, eine Lösung zu finden. Doch in Punkto Homosexualität, wenn ich sie denn als Problem betrachte, ist es schwierig, eine Lösung zu finden, denn die Ursache ist nicht bekannt. Betrachte ich sie aber gar nicht als Problem, sondern als Gegebenheit, dann wiederum benötige ich keine Lösung, sondern einen Umgang oder eine Haltung dazu, wie immer Sie es nennen mögen.

Dieses Kapitel hat also dazu gedient, uns deutlich zu machen, dass wir es hier wohl nicht mit einem Phänomen zu tun haben, von dem wir leichtfertig glauben sollten, es erfassen zu können. So und so ist es, also muss man so und so damit umgehen, damit alles wunderbar in die Norm passt, die irgendwie „richtig" ist.

Und da ich davon ausgehe, dass viele Leser dieses Buches in einem gemeindlichen Kontext zu finden sind, gehen Sie mit mir doch jetzt einen Schritt weiter und lassen Sie sich mit mir auf eine biblische Sichtweise ein, bei der ich nicht die so vermeintlich eindeutigen Bibelstellen gegen homosexuelle Handlungen in Frage stellen, jedoch aus der Perspektive eines liebenden Vaters im Himmel schauen möchte. Was war die Motivation für Gott, uns Gesetze und Regeln zu geben, an die wir uns halten sollen? Und wie geht Gott selbst mit seinen Regeln und Gesetzen um?

4. Eine Möglichkeit einer biblischen Sicht

Wie schon erwähnt, stehen diejenigen mit einer moralischen Instanz, von der sie annehmen, dass Homosexualität verboten ist, geächtet oder gar gestraft wird, vor einer ganz besonderen Herausforderung. Wir als Christen kennen die Bibelstellen, die so vermeintlich klar sind, sollen uns aber gleichzeitig als barmherzig erweisen. Ein schwieriger Weg, den es zu meistern gilt.

Wir finden im Alten Testament im 3. Buch Mose zweimal den Hinweis darauf, dass homosexuelle Handlungen unter Männern Gott ein Gräuel sind: „Du sollst nicht bei einem Manne liegen, wie bei einer Frau; es ist ein Greuel.“ (Luther, rev. 1984, 3. Mose 18,22) Und die zweite Stelle: „Wenn jemand bei einem Manne liegt, wie bei einer Frau, so haben sie getan, was ein Greuel ist ...“ (Luther, rev. 1984, 3. Mose 20,13) Hier wird auch noch darauf hingewiesen, dass die Strafe für dieses Vergehen der Tod ist. Lassen wir uns einen Moment auf den Gedanken ein, dass es ein Gesetz Gottes ist, dass wir nicht in homosexuellen Handlungen zusammenkommen sollen. Stellen wir also homosexuelle Menschen unter das alttestamentliche Gesetz. Dann müssten wir uns konsequenterweise alle diesem Gesetz unterstellen, so wie es vor weit über 2000 Jahren für das Volk der Juden aufgeschrieben wurde. Wer sich nun mit den Gesetzen ein wenig auskennt, der wird mir zustimmen, dass das wirklich ausgesprochen interessant würde. Nehmen wir zum Beispiel das Gesetz, dass eine Frau keine Männerkleidung tragen sollte und umgekehrt. Das ist Gott nämlich auch ein Gräuel. Was ist denn Männer- und Frauenkleidung eigentlich? Da würden dann ja auch unsere heutigen Maßstäbe nicht gelten. Was ist mit den Speisegeboten? Blutwurst, Garnelen, Schweinefleisch ... Und sehr schnell wären wir für uns an dem Punkt, an dem wir entscheiden müssten, dass diese Regeln für uns nicht mehr so gelten oder dass wir unser Leben auf diese Regeln ausrichten müssten, wenn wir einheitliche Maßstäbe ansetzen wollen. Denn wir können ja nicht für eine bestimmte Gruppe von Menschen mit alttestamentlichen Gesetzen argumentieren, während das, was unser eigenes Leben vielleicht in Frage stellt oder verändern würde, unbeachtet bliebe.

Oder sehen wir uns einmal die Stellung der Frau zur damaligen Zeit an. Frauen hatten so gut wie keine Rechte. Es gibt wenig Berichte über Frauen in der Bibel. Die Familie des Alten Testamentes war absolut patriarchisch geordnet. Frauen waren ein Besitz, so wie das Haus oder das Vieh. Es war dem Mann erlaubt, der Frau einen Scheidebrief zu geben, umgekehrt aber nicht. Was ist mit Polygamie? Sollten wir nicht dazu übergehen, die Vielehe wieder einzuführen? Salomo hatte 1000 Frauen. Das war augenscheinlich damals kein Problem.

Das Ganze geht weiter, zum Beispiel in Bezug auf Sklavenhaltung. Wer in die Geschichte schaut, der wird darauf stoßen, dass über lange Zeit die Sklavenhaltung durch die Christen verteidigt und mit der Bibel in der Hand begründet wurde. Wer von uns würde freiwillig dafür eintreten, sie wieder einzuführen? Wer von uns würde moderne Formen der Sklaverei befürworten (Zwangsprostitution, Ausbeutung von Kindern in jeder erdenklichen Form, unseriöse Leiharbeitsfirmen ...)? Ja, aber Moment mal: Das mit der Sklaverei war doch auch ganz normal damals, vollkommen legitim. Und Paulus rief nicht dazu auf, sie zu beseitigen. „Jeder soll Gott an dem Platz dienen, an dem ihn Gottes Ruf erreichte. Bist du als Sklave ein Christ geworden? Mach dir deswegen keine Sorgen! Selbst, wenn du freiwerden kannst, warum willst du nicht Sklave bleiben?“ (HfA, 1. Kor. 7,20-21) Dann muss es doch auch heute noch gelten. Das Pochen auf ein Gesetz beziehungsweise auf gelebte Normen aus der Antike führt unweigerlich dazu, auch die anderen einhalten zu müssen. Denn wer und vor allem wie soll entschieden werden, was heute noch gelten soll und was nicht? Warum ist es so einfach zu sagen, dass genau die Vorschriften in Bezug auf homosexuelle Lebensweise heute so gelten?

Das sind viele ungelöste Fragen. Und ich stelle fest, dass durch die Bibel, je nachdem, welche Sichtweise ich wähle, so manches begründbar zu sein scheint. Ich möchte nicht unerwähnt lassen, dass sich auch im Alten Testament schon Menschen fanden, die sich für soziale Gerechtigkeit einsetzten, insbesondere bei den Propheten. Und ich möchte auch nicht den Anschein erwecken, dass ich das Alte Testament ausschließlich für ein Gesetzesbuch halte. Es spiegelt ebenso den wunderbaren Weg wider, den Gott mit seinem Volk gegangen ist, und wir finden dort viel Ermutigendes und Spannendes. Was mich absolut beeindruckt, ist, dass Gott Wege gesucht hat, um die paradiesischen Zustände ein Stück weit wiederherzustellen.

4.1. Das Gesetz Gottes

Gott hat Gesetze erlassen, die es dem Menschen ermöglichten, wieder Gemeinschaft mit ihm haben zu können. Und vielleicht gelingt es an dieser Stelle, einen anderen Blick auf die Gesetze Gottes zu öffnen, denn ich glaube, sie waren im Alten Testament ein Weg Gottes, um den Menschen gute Beziehungen mit ihm selbst und miteinander zu ermöglichen.

Meiner Meinung nach ging es Gott bei den Gesetzen und Geboten um mindestens fünf entscheidende Dinge:

1. Zu allererst sollte es dem Menschen um Gott selbst gehen. Ich bin der Herr, dein Gott, du sollst keine anderen Götter und Dinge neben mir anbeten und dir keine Bildnisse machen. Es zieht sich durch das ganze Alte Testament, wie

sehr Gott wollte, dass sein Volk sich ihm und allein ihm zuwendet und ihn anbetet.

2. Die zweite Frage, die auch sehr wichtig war: Wie kann der Mensch sich ihm nahen? Die paradiesische Zeit, in der der Mensch sich unbefangen mit Gott im Garten Eden bewegen konnte, war vorbei. Die Schöpfung war gefallen, unrein, nicht mehr in der Lage, sich Gott zu nahen. Deshalb musste der Mensch sich immer wieder reinigen, musste es Opfer für die Schuld geben.

3. Wichtig sind Gebote, die ein Zusammenleben regeln, zum Beispiel nicht zu stehlen, nicht zu töten, keine falschen Aussagen über andere zu treffen.

4. Wichtig sind Gebote, die die innere Haltung ansprechen: Du sollst nicht begehren deines Nächsten Weib, Haus, Knecht, Magd ... Hier könnte zum Beispiel eine neidische Haltung angesprochen sein oder auch: Du sollst Vater und Mutter ehren. Das verlangt einen respektvollen Umgang miteinander. Oder das eigentlich wichtigste Gebot: Du sollst deinen Nächsten lieben wie dich selbst. Das, was du für dich möchtest, gönne auch dem anderen. Das, was du dem anderen gönnst, lasse auch dir selbst zukommen.

5. Zu guter Letzt gab es auch noch solche Gebote, die auf die Reinhaltung abzielten, nicht ausschließlich in Bezug auf Gott, sondern in Bezug auf die Erhaltung der Gesundheit. Damit könnte auch in Zusammenhang gestanden haben, nicht mit einer Frau zu schlafen, die ihre Periode hatte. Auch die ein oder andere Speisevorschrift fällt hierunter.

Sehen wir uns den zweiten Punkt noch einmal etwas genauer an. Der Mensch war nicht in der Lage, sich Gott zu nahen. Im Alten Testament finden wir einige Auserwählte, die einen besonderen Zugang zu Gott hatten, oft verbunden mit Aufträgen, die zu erfüllen waren. Ein Auserwählter war Mose. Er sollte das Volk Gottes ins verheißene Land führen. Von ihm wird berichtet, dass Gott mit ihm sprach wie mit einem Freund, von Angesicht zu Angesicht. Als Mose Gott dann auch noch bat, Ihn in seiner ganzen Herrlichkeit anschauen zu dürfen, schützte Gott ihn, indem er ihn in einer Felsspalte verbarg, während er an ihm vorüberzog. Wir lesen in diesem Kapitel auch, dass Mose ein Zelt der Begegnung mit Gott hatte, einen geschützten Raum. Als Mose starb, hieß es, dass es nie mehr einen Propheten gegeben hat, dem Gott so von Angesicht zu Angesicht begegnet ist. Mose war es auch, der eine genaue Bauanleitung für das Heiligtum bekam, in dem Gott wohnte, wo er die Gesetzestafeln in der Bundeslade aufbewahrte und wo er genaue Anweisungen bekam, wie das Volk sich zu verhalten habe. Alles ist nachzulesen im 2. und 3. Buch Mose. Gesetz über Gesetz, für viele Lebenslagen sehr detailliert. Im 4. Buch Mose steht, wie der Stamm Levi auserwählt wurde, allein für das Heilige Zelt zu sorgen in der Ordnung, die Gott vorgegeben hatte. Sich diesen Ordnungen zu widersetzen, bedeutete möglicherweise den Tod. Hier wird über zwei Söhne Aarons berichtet. Sie waren zu Priestern gesalbt und in ihr Amt eingeführt worden. „Doch Nadab und Abihu starben im Heiligtum in der Wüste Sinai, weil sie dem Herrn ein unerlaubtes Opfer darbrachten." (HfA, 4. Mose 3,4a) Es konnte also durchaus gefährlich sein, sich nicht an die Regeln zu halten und eventuell wurde man sogar bestraft. In jüdischen Überlieferungen ist sogar die Rede davon, dass man dem Priester ein Seil um den Fuß band, wenn er ins Allerheiligste ging, um notfalls zumindest seine Leiche herausziehen zu können.

Wer sich aber an die Gesetze hielt, der konnte sicher sein, dass er nichts zu befürchten hatte.

4.1.1. Das Gesetz und das Neue Testament

Im Neuen Testament finden wir an vielen Stellen die Auseinandersetzung mit dem alten Gesetz. Denn einerseits sagt Jesus, dass er das Gesetz nicht auflösen will: „Meint nur nicht, ich bin gekommen, das Gesetz und das, was Gott durch die Propheten gesagt hat, aufzuheben. Im Gegenteil, ich werde beides voll zur Geltung bringen und erfüllen." (HfA, Mt. 5,17)

Andererseits zeigt er uns deutlich, dass wir auch nicht den Hauch einer Chance haben, selber das Gesetz zu erfüllen. „Wie ihr wisst, heißt es im Gesetz: ‚Du sollst nicht die Ehe brechen.' Ich sage euch aber: Schon wer eine Frau mit begehrlichen Blicken ansieht, der hat im Herzen mit ihr die Ehe gebrochen." (HfA, Mt. 5,27 u. 28)

4.1.2. Gott selbst bewegt sein Gesetz

Eine ganz spannende Geschichte im Hinblick auf das Gesetz finden wir in der Apostelgeschichte. Dort wird beschrieben, wie Petrus um die Mittagszeit auf einem Hausdach betet und eine Vision hat. Er sieht drei Mal ein Tuch, gefüllt mit Speisen, vom Himmel kommen, die nach dem Gesetz unrein waren. „Dann hörte Petrus eine Stimme, die ihn aufforderte: ‚Petrus, schlachte diese Tiere und iss davon!' ‚Niemals Herr! Noch nie in meinem Leben habe ich etwas Verbotenes oder Unreines gegessen.' Da rief die Stimme, zum zweiten Mal: ‚Widersprich Gott nicht! Wenn er sagt, dass etwas rein ist, dann ist es auch rein.'" (HfA, Apg. 10, 13-15)

Wir müssen uns das jetzt einmal vorstellen: Das, was da von Petrus verlangt wurde, stand gegen alles, was er bisher in seinem Leben gelernt und verinnerlicht hatte. Aus meiner therapeutischen Arbeit und aus eigener

Erfahrung kann ich versichern, dass es wirklich schwer ist, etwas umzulernen oder anders zu denken und zu tun als bisher. In unserem Gehirn haben sich Zeit unseres Lebens Verknüpfungen gebildet, die mehr sind als dünne Fäden. Manche Stränge sind wie dicke Taue, neben denen ein neuer Seidenfaden sehr leicht zerreißbar wirkt. Und Gott verlangte von Petrus ebendies: das lebenslang Erlernte zu ignorieren und anders zu handeln.

Doch während Petrus noch über das gerade Erlebte nachsinnt, hat Gott schon die nächste Herausforderung für ihn bereit. Irgendwie kann er einem fast schon leidtun! Es kommen drei Männer zu ihm, die ihn bitten, mit ihm in das Haus eines römischen Hauptmannes zu gehen. Auch das war nach dem Gesetz nicht möglich, ohne sich unrein zu machen, doch Petrus gehorcht. Er erfährt im Hause des Kornelius, dass Gott auch zu diesem gesprochen hat. Und so geschieht es, dass auf diese Art und Weise das Evangelium zu den Menschen gelangte, die nicht zum jüdischen Volk gehörten.

Jetzt stellen wir uns einmal vor, Petrus hätte nicht vertraut und gehorcht. Sicher hätte Gott sich auch andere Wege suchen können. Doch denken wir einmal, er hätte nicht glauben können, dass Gott etwas an seinem Gesetz verändert?

Können wir es wagen, diese Stelle auf unseren Umgang mit homosexuellen Menschen zu übertragen? Können wir uns vorstellen, dass homosexuelle Menschen in unseren Gedanken und Gefühlen das sind, was verbotene Speisen und die Berührung mit Nichtjuden für Petrus waren? Was fühlen wir tief in unserem Innern, wenn wir daran denken, dass unser Sohn oder unsere Tochter, unser Neffe oder unsere Nichte ... schwul ist? Empfinden wir Abneigung oder Scham, Mitgefühl oder Empörung, weisen wir Schuld zu oder richten wir? Ich möchte Ihnen Mut machen, diese Gedanken einmal zuzulassen. Überlegen Sie ehrlich, welche Gesetzesstränge tief verankert sind. Dann sind wir höchstwahrscheinlich auf einer Spur, die uns unsere innere Haltung in Bezug auf Homosexualität deutlich macht.

Doch schauen wir auf einen weiteren Bericht in der Bibel, in dem Gott seine Weite deutlich macht.

„In Apostelgeschichte 8, 26-40 führte Gottes Geist Philippus auf eine einsame Straße, wo er den Kämmerer, eine Art Finanzbeamten der äthiopischen Königin Kandake, trifft. Der Kämmerer wurde spektakulär bekehrt und eilig getauft, wonach Philippus entrückt wurde. Die ganze Geschichte umgibt ein Hauch des Übernatürlichen, der damit beginnt, das Philippus nicht aus eigenem Antrieb zu der Straße kam, sondern vom Geist Gottes dorthin geführt wurde, und damit endet, dass er verschwindet und im gleichen Augenblick in Aschdod wiederauftauchte. Dieser übernatürliche Rahmen zeigt an, wie wichtig, ja entscheidend die Ereignisse waren.

Einem heutigen Leser entgeht leicht, dass der Mann ein Eunuche war, ein Mann, der zeugungsunfähig gemacht worden war. Viele hohe Hofbeamte fremder Könige teilten sein Schicksal, aber in Israel bedeutete es eine Katastrophe. Das Gesetz verbot Eunuchen die Teilnahme am Gottesdienst: ‚In die Versammlung des Herrn darf keiner aufgenommen werden, dessen Hoden zerquetscht sind oder dessen Glied verstümmelt ist.' (5. Mose 23,2 nach Einheitsübersetzung) ... Eine Gruppe von Menschen wurde im Bericht des Kämmerers rehabilitiert, die lange von der vollen Teilhabe an Gott ausgeschlossen war. Hier geschieht also etwas Unerhörtes: Gottes Gnade triumphiert über ein Gesetz. Es ist, als wolle Gott selbst sagen: ‚Ich bin gnädiger als mein Gesetz.'" (6/Carsten Schmelzer/ Homosexualität, S.151 f.)

Eine weitere Auseinandersetzung mit dem Gesetz finden wir beim Thema der Beschneidung der Jungen des jüdischen Volkes. „Doch auch du, Abraham, musst dich bei deinem Bund zu etwas verpflichten, und deine Nachkommen sollen sich ebenfalls daran halten: Alle Männer unter euch sollen an der Vorhaut ihres Gliedes beschnitten werden – als Zeichen dafür, dass ich mit euch einen Bund geschlossen habe." (HfA, 1. Mose 17, 9-11) Was soll nun mit denen sein, die zum Glauben kommen, aber nicht zum jüdischen Volk gehören und somit unbeschnitten sind? Paulus schreibt dazu an die Korinther: „Darum soll jemand, der nach jüdischem Gesetz beschnitten wurde, sich auch als Christ zu seiner Beschneidung bekennen. Wurde er aber nicht beschnitten, soll er die Beschneidung auch nicht nachholen. Denn Gott kommt es nicht darauf an, ob wir beschnitten sind oder nicht. Bei ihm zählt allein, ob wir seinen Geboten gehorchen." (HfA, 1. Kor. 7,18-19)

Das finde ich schon ähnlich stark wie die Sache mit Petrus, den Speisen und Kornelius. Das Gesetz sagte, Beschneidung muss sein. Paulus sagt, bei Gott zählt, ob wir seinen Geboten gehorchen. „Herr, welches ist das wichtigste Gebot im Gesetz Gottes?" Jesus antwortete: „‚Liebe Gott, den Herrn, von ganzem Herzen, mit ganzer Hingabe und mit deinem ganzen Verstand!' Das ist das erste und wichtigste Gebot. Ebenso wichtig ist aber das zweite: ‚Liebe deinen Mitmenschen so, wie du dich selber liebst.' Alle anderen Gebote und Forderungen der Propheten sind in diesen Geboten enthalten." (HfA, Mt. 22, 36-40)

4.2. Eigene Haltungen überprüfen

Im Johannesevangelium wird darüber berichtet, wie eine Ehebrecherin zu Jesus gebracht wurde. Sie soll zum Tode verurteilt werden. Das allein lässt aufhorchen, denn um ein Todesurteil zu sprechen, brauchte es mehrere Zeugen. Man könnte also eher vermuten, dass die Frau bewusst in eine Falle gelockt wurde. Doch wie ging Jesus, der Stellvertreter Gottes, mit dieser Frau um, die nach dem Gesetz schuldig war?

„Jesus verließ die Stadt und ging zum Ölberg. Aber schon am nächsten Morgen war er wieder im Tempel. Viele Menschen drängten sich um ihn. Er setzte sich und begann, sie zu unterrichten.

Da schleppten die Schriftgelehrten und Pharisäer eine Frau heran, die beim Ehebruch ertappt worden war, stießen sie in die Mitte, damit jeder sie sehen konnte, und sagten zu Jesus: ‚Diese Frau wurde beim Ehebruch überrascht. Wenn wir das Gesetz des Mose befolgen wollen, müssen wir sie steinigen. Was meinst du dazu?'

Das war eine Fangfrage. Sie suchten nämlich nach einem Anlass, um Jesus anklagen zu können. Aber Jesus schien gar nicht auf ihre Frage zu achten; er bückte sich und schrieb mit seinem Finger auf die Erde. Als sie hartnäckig nach einer Erklärung verlangten, richtete er sich auf und sagte: ‚Nun, dann steinigt sie! Aber den ersten Stein soll der werfen, der selbst noch nie gesündigt hat!' Dann bückte er sich wieder und schrieb weiter auf die Erde. Als erstes gingen die Ankläger. Dann schlichen sich auch alle übrigen stillschweigend davon – einer nach dem andern. Schließlich war Jesus mit der Frau allein. Da stand er auf und fragte sie: ‚Wo sind jetzt deine Ankläger? Hat dich denn keiner verurteilt?' ‚Nein, Herr', antwortete sie. ‚Dann will ich dich auch nicht verurteilen', entgegnete Jesus. ‚Geh, aber sündige nicht noch einmal!'" (HfA, Joh. 8,1-11)

Welch eine Befreiung! Derjenige, der allein das Urteil hätte sprechen können, verdammt gar nicht! Und weil er es nicht tut, sollten wir es auch nicht tun. Ich weiß, dass es viele Stellen in der Bibel gibt, die uns auffordern, wachsam zu sein. Wachsam auch in Bezug auf Sünde. „Sündigt aber dein Bruder an dir, so geh hin und weise ihn zurecht zwischen dir und ihm allein. Hört er auf dich, so hast du deinen Bruder gewonnen. Hört er nicht auf dich, so nimm noch einen oder zwei zu dir, damit jede Sache durch zwei oder drei Zeugen bestätigt werde. Hört er auf die nicht, so sage es der Gemeinde. Hört er auch auf die Gemeinde nicht, so sei er für dich wie ein Heide und Zöllner.“ (Luther, rev. 84, Mt. 18, 15-17) Es wäre jetzt spannend, darüber nachzudenken, wie wir denn mit Heiden und Zöllnern umgehen sollen, denn genau denen sollen wir ja die Liebe Gottes bringen, doch das entfernt uns vom Gedanken der Wachsamkeit. Wir sollen also schon einen Umgang finden mit den Dingen, die wir als Sünde erkennen. Wir stehen aber in der Gefahr, die Dinge nicht nur zu klären, sondern den anderen zu verurteilen. Wo ist die Grenze zwischen Wachsamkeit und Verklagen? Und im „Falle“ eines homosexuellen Christusnachfolgers (wobei mir klar ist, dass so mancher Leser diese Wortkreation für einen Widerspruch in sich hält) verklage ich nicht nur einen von Gott gemachten und gewollten Menschen, sondern meinen Bruder oder meine Schwester. Wir wissen, wer der Verkläger der Brüder ist! Ganz sicher nicht der Geist Gottes. Konsequenterweise müsste ich dann nicht nur auf homosexuelle Sünden achten, sondern auch auf andere. Das bezieht sich auch nicht nur auf eine tatsächliche Tat, sondern schon auf unsere Gedanken. Selbst das Begehren eines anderen Menschen wird in der Bibel schon als Ehebruch beschrieben. Und wie steht es dann mit allem anderen, zum Beispiel: Neid, Zauberei, Streitsucht, Völlerei, Trunksucht ... Die Liste der Dinge, die wir unter Kontrolle bringen müssten, wäre immens. Welch ein Stress! Ganz sicher ist es gut, wenn wir uns als Christen gegenseitig die Erlaubnis geben, uns auf das ein oder andere hinzuweisen. In allererster Linie bin ich aber erstmal selbst mit meinem eigenen Leben Gott gegenüber verantwortlich und ich sollte meinem Bruder und meiner Schwester zutrauen, auch erwachsen zu sein. Zu schnell müssten wir uns sonst vermutlich anhören: „Was siehst du aber den Splitter in deines Bruders Auge, und nimmst nicht wahr den Balken in deinem eigenen Auge?“ (Luther, rev. 84, Mt. 7,3)

„Urteilt nicht über andere, damit Gott euch nicht verurteilt. Denn so, wie ihr jetzt andere verurteilt, werdet ihr auch verurteilt werden. Und mit dem Maßstab, den ihr an andere legt, wird man euch selber messen. Du regst dich auf über die kleinen Schwächen deines Bruders, und erkennst nicht deine eigene, viel größere Schuld. Du sagst: Freund, komm her, ich will dir die Augen für deine Fehler öffnen! Dabei bist du selbst blind für deine Schuld. Du Heuchler! Kümmere dich zuerst um deine

Fehler, dann versuche, deinem Bruder zu helfen." (HfA, Mt. 7,1-5)

4.3. Entspricht Homosexualität der Schöpfungsordnung Gottes?

Noch einen ganz anderen Gedanken möchte ich an dieser Stelle einflechten. Es gibt das Argument, dass eine homosexuelle Lebensweise ja der Schöpfungsordnung Gottes insofern widerspricht, als dass der „Auftrag": „Seid fruchtbar und mehret euch" nicht umgesetzt wird. Diese Argumentation geht davon aus, dass ich willentlich entscheide, wie meine sexuelle Orientierung aussieht. Sie ist also erst einmal schlüssig.

Lebe ich homosexuell, widersetze ich mich dem Willen Gottes. Binde ich mich heterosexuell und entscheide mich, keine Kinder zu bekommen, tue ich das dann nicht auch? Schnell bin ich hier bei der Frage nach der Geburtenkontrolle. Denn wenn ich konsequent weiterdenke, habe ich denn dann als Mensch überhaupt ein Recht mitzuentscheiden? Viele Leser werden diese Frage mit einem selbstverständlichen: Natürlich! beantworten. Das haben wir bereits sehr verinnerlicht. Das gehört also schon wie selbstverständlich zu unserer Kultur. Eine weitere Frage ist die, wie es dann möglich ist, dass Gott heterosexuellen Paaren Kinder verwehrt, die es sich wirklich wünschen. Viele Paare in meinem

Umfeld sehnten sich so sehr nach Kindern und blieben trotzdem zu zweit. Sind wir somit der Willkür Gottes ausgesetzt? Ich weiß nicht, wie es Ihnen geht, aber ich kriege da die Enden nicht mehr zusammen. Gott ist ein liebender Gott und Vater und doch gibt es so vieles, wofür wir einfach keine Antworten haben.

Und um das Ganze jetzt noch ein wenig auszureizen: Wie kann Paulus (wobei vor dem Kapitel klar steht, dass es seine Meinung sei) zur Ehelosigkeit aufrufen? „Wer aber die innere Bereitschaft und Kraft zur Ehelosigkeit aufbringt und nicht durch ein Eheversprechen gebunden ist, der ist gut beraten, wenn er nicht heiratet. Wer also heiratet, der handelt richtig. Besser ist es allerdings, nicht zu heiraten.“ (HfA, 1. Kor. 7,37-38) Widerspricht er hier nicht eindeutig dem, was Gott so klar wollte: die Erde mit Menschen zu bevölkern? Doch Paulus hat aus seiner Sicht gesehen und gehandelt, in der Erwartung, dass Jesus schon sehr zeitnah wiederkommen würde. Jesus selbst hatte wohl kein Problem mit der Ehelosigkeit: „Manche sind von Geburt an zeugungsunfähig; andere werden es durch menschlichen Eingriff. Und es gibt Menschen, die verzichten auf die Ehe, um Gott besser dienen zu können.“ (HfA, Mt. 19,12a)

4.4. Vom Mut, Anderes zu denken und Neues zu erwarten

Was ich in diesem Kapitel deutlich machen wollte, ist, dass wir zum einen selektieren und uns die Dinge herausnehmen, von denen wir annehmen, dass sie für uns heute noch gelten – oder auch nicht. Das kann von Konfession zu Konfession und Denomination zu Denomination ganz unterschiedlich sein. Aber wonach beurteilen wir? Denken wir an unsere Prägungen durch Familie, Gesellschaft, Kultur ...? Wir sagen, dass der Maßstab das Wort Gottes ist, gut und schön. Doch durch welche Brille lesen wir dieses Wort? Immer wieder komme ich an den Punkt, dass es meine ureigenste Prägung ist, die meine Sichtweise beeinflusst. Hinzu kommt, dass auch die Bibel durch Menschen geschrieben wurde. Und ohne grundsätzlich in Frage zu stellen, ob sie das Wort Gottes ist, hat Gott auch hier schon unterschiedliche Menschen mit unterschiedlichen Persönlichkeiten benutzt, um die Kernaussagen festzuhalten. Allein die Evangelien einmal parallel zu lesen, zeigt uns, wie an manchen Punkten sehr unterschiedlich wahrgenommen wurde. Wenn wir dann noch bedenken, dass auch die Schriften an sich schon selektiert wurden, manches wurde hineingenommen, anderes durch die Kirche unter Verschluss gebracht, so muss die Frage erlaubt sein, ob wir wirklich alles so wörtlich nehmen dürfen. Ich weiß, dass diese Gedanken viele von Ihnen herausfordern werden. Doch noch ein Satz gefällt mir in diesem Zusammenhang gut: „Wer sich bemüht, die Bibel ernst zu nehmen, kann sie nicht wörtlich nehmen." (7/Carsten Schmelzer/ Homosexualität, S. 79)

Der zweite Gedanke ist der: Hat Gott mit Abschluss der Bibel aufgehört zu sprechen, zu kreieren, Wege zu suchen, zu verändern, zu erneuern? Natürlich nicht! Gott ist doch ein lebendiger Gott, ein Gott, der an mir und nicht an meiner Leistung interessiert ist. Ein Gott, der mich vielleicht wie Petrus in ein völlig neues Handeln hineinbringen möchte. Auch zu diesem Gedanken gehört Mut, je nachdem, wie wir innerlich festgelegt sind, weil uns das möglicherweise unserer inneren Sicherheiten beraubt. Es beraubt uns dessen zu sagen: So ist es richtig und so ist es falsch. Und das verunsichert uns vielleicht zutiefst, denn wir wissen nicht, wohin es führt. Eine liebe Freundin fragte mich sehr zurecht: Aber wo sind denn dann die Grenzen, wenn ich sage, dass es in Ordnung ist, Homosexualität frei auszuleben? Wo finde ich denn dann einen Maßstab? Nehmen wir an, der Maßstab wäre: Unser Lebensstil darf niemandem schaden. Wäre das dann ausreichend? Kann es sein, dass Gottes Gebote natürlich grundsätzlich gelten, dass aber verschiedene Lebensstile durchaus in Gottes Weite hineingehören und wir uns durch die Enge des Gesetzes nur unsere eigenen vermeintlichen Sicherheiten bewahren wollen?

Ich glaube, wir sollten uns als Christen ganz neu darüber bewusst werden, dass wir Gott im eigentlichen Sinne erst einmal nichts zu bringen haben, und zwar keiner von uns. Die Bibel sagt, dass wir allesamt Sünder sind und Gott nichts vorweisen können. Unsere einzige Chance ist es, auf Jesus zu schauen, der für all unsere Trennung von Gott gestorben ist.

Wie ich schon beschrieben habe, diente im Alten Testament der Hohepriester als das Bindeglied zu Gott. Niemand sonst durfte sich Gott nahen. Und auch beim Priester selbst war nicht so ganz klar, ob er seinen Gang ins Allerheiligste überlebte. Nun ist Jesus unser Hohepriester. Er muss keinen Tod mehr fürchten, weil er den Tod überwunden hat. Durch seinen Tod ist der Vorhang im Tempel zerrissen, der Weg zu Gott ist frei. Ohne Angst darf ich mich meinem Schöpfer nahen. Vertrauensvoll darf ich „Papa" sagen. Die Bibel sagt eindeutig, dass nichts mich von seiner Liebe trennen kann. „Denn da bin ich ganz sicher: Weder Tod noch Leben, weder Engel noch Dämonen, weder Gegenwärtiges noch Zukünftiges, noch irgendwelche Gewalten, weder Himmel noch Hölle oder sonst irgendetwas können uns von der Liebe Gottes trennen, die er uns in Jesus Christus, unserem Herrn, bewiesen hat." (HfA, Röm. 8,38) Und das sollte auch den Blick auf meine Brüder und Schwestern bestimmen. Da steht einer vor mir, den nichts von der Liebe Gottes trennen kann. Und an der Liebe zueinander soll sichtbar werden, dass wir zu Jesus gehören. Welches Bild gibt die Gemeinde nach außen ab? Und warum ist es augenscheinlich nicht möglich, uns als Christen auf eben diese „Schnittmenge Jesus“ zu fokussieren? Wir leben allein aus Gnade, wir haben Zugang zum Thron Gottes allein aus Gnade, all unsere Schwachheit ist zugedeckt allein aus Gnade. Und darin sind wir eins. Dort am Kreuz dürfen die sein, die ihren Mund nicht halten können und immer wieder über andere sprechen, da sammeln sich die, die wieder und wieder ihren Mangel mit Essen, Alkohol ... stillen. Dort stehen die, die neidisch auf andere sehen. Hier finden Mörder und Diebe Begnadigung. Hier hält Gott uns aus und schaut nicht mehr auf das, was uns von ihm trennt. Hier kann ich sein, wenn meine Ehe gerade nicht so funktioniert oder ich zum dritten Mal verheiratet bin. Und hier kann ich mit homosexuellen Gefühlen sein, meinen Herrn anbeten, weil ich nicht mehr oder weniger Sünder bin als der, der neben mir steht.

Mir ist bewusst, dass ich viele Fragen stelle. Und vielleicht haben Sie eher erwartet, in diesem Buch einfache Antworten zu finden. Doch ich habe für mein Leben gelernt, dass Fragen ein Schlüssel sein können, um umzudenken und anders zu handeln. Vielleicht konnten Sie sich auf den Gedanken einlassen, dass Gott mit seinen Regeln und Geboten den Menschen einfach eine Möglichkeit schaffen wollte, miteinander klarzukommen und eine Beziehung zu ihm leben zu können. Und das tat er aus einer Haltung der Liebe heraus als Hilfe; und weder, weil er nur darauf wartet, uns bestrafen zu können, noch, um uns unter Kontrolle zu bringen. Und er hat es schon gar nicht gegeben, damit wir mit dem Gesetz einander reglementieren und uns gegenseitig Lasten auferlegen. Ein Bibelzitat möchte ich noch einfließen lassen, das ich in diesem Zusammenhang spannend finde: „Das Gesetz hielt uns gefangen, bis Christus kam, der von Gott schon lange versprochene Retter. Bis dahin hatte das Gesetz für uns die Funktion eines strengen Erziehers. Seitdem aber Christus gekommen ist und wir durch den Glauben an ihn Gottes Anerkennung gefunden haben, sind wir dem Gesetz, diesem strengen Erzieher, nicht mehr unterstellt. Denn durch den Glauben an Jesus Christus seid ihr nun alle zu Kindern Gottes geworden. Ihr gehört zu Christus, weil ihr auf seinen Namen getauft seid. Jetzt ist es nicht mehr wichtig, ob ihr Juden oder Griechen, Sklaven oder Freie, Männer oder Frauen seid: in Christus seid ihr alle eins." (HfA, Gal. 3, 23-28)

Zum Thema Gesetz gäbe es vermutlich noch viel zu sagen. Lediglich auf eine sehr eindeutige Stelle im Neuen Testament möchte ich noch eingehen. Paulus schreibt: „Weil die Menschen Gottes Wahrheit mit Füßen traten, ließ Gott sie in abscheuliche Laster fallen: Ihre Frauen praktizierten gleichgeschlechtliche Liebe ebenso schamlos wie die Männer. Damit haben sie die natürliche Ordnung mit einer unnatürlichen vertauscht." (HfA, Röm. 1,26 und 27a). Das ist wohl eindeutig eine Bibelstelle, die sich gegen praktizierte Homosexualität ausspricht. Und nehme ich sie so, wie ich es ursprünglich gelernt habe, dann macht mir das richtig Angst, denn einen Vers weiter lese ich, dass die, die solches tun, ihre gerechte Strafe erhalten werden. Übertrage ich das jetzt aber auf mein Leben und meine Kinder, muss ich mich fragen, wer denn da wohl Gottes Wahrheit mit Füßen getreten hat, auf das mein liebender Vater im Himmel uns dahingibt in abscheuliche Laster. Des Weiteren muss ich mich fragen, was denn nun die natürliche Ordnung ist? Gehe ich davon aus, dass Gott meine Kinder erschaffen hat, so wie sie sind und empfinden, dann liegt es ja in ihrer Natur, sich einen gleichgeschlechtlichen Partner oder Partnerin zu suchen. Verlässt nicht einer, der als homosexueller Mensch geboren wurde, gerade dann seine natürliche Ordnung, wenn er in einer heterosexuellen Beziehung lebt? Ja, jetzt wird sicher so mancher sagen: Das klingt logisch. Andere werden mich für einen Gotteslästerer halten, der das Wort Gottes verdreht. Und auch ich finde diesen Gedanken immer noch gewagt. Andererseits komme ich einfach immer wieder an den Punkt, ob es bei der Ausübung von Homosexualität um bewusstes Handeln oder eine Identität geht. Ich kann mir kaum vorstellen, dass Paulus eine Identität meinte. Durch ein bewusstes Handeln gehört Homosexualität natürlich in die Auflistungen der Dinge, die uns von Gott trennen und somit einfach Sünde sind. Doch wenn ich Homosexualität nicht als eine bewusste Abkehr von Gott benenne, für die ein Mensch sich entscheidet, durch die er bewusst die Schöpfungsordnung Gottes durchbricht, dann fällt es mir schwer, es Sünde zu nennen.

Doch lassen Sie sich mitnehmen von meinen Gedanken über Gesetz und Sünde hinein in unsere persönliche Geschichte, die unseren Weg beschreibt. Einen Weg, der im „Richtig und Falsch“ begann und der uns verändert hat.

5. Unsere eigene Geschichte

In Bezug auf unsere nun so ganz andere Einstellung zum Thema Homosexualität möchte ich erst einmal mit einer anderen Sache beginnen, die viel zu unserem inneren Stretching, wie wir es nennen, beigetragen hat.

5.1. Der Ursprung

Mein Mann und ich kommen aus einer eher konservativen Glaubensrichtung, in der es für uns als Jugendliche einerseits einfach war: Es gab klare Regeln, richtig und falsch, drin und draußen. Auf der anderen Seite bot sie aber auch wenig Möglichkeiten, um das, was „anders" war, nicht automatisch als das, was „falsch" war, zu betiteln. Die einen waren zu weltoffen, die nächsten zu liberal, die übernächsten zu charismatisch. Nur wir, wir waren irgendwie richtig. Gutes Gefühl zum einen, Enge zum anderen. Diese Enge empfindet man nicht unbedingt, wenn man drinsteckt.

5.2. Das Umdenken

Doch irgendwann fingen wir an, das System zu hinterfragen. Nicht etwa, dass wir daran zweifelten, dass unsere Geschwister oder wir Jesus liebten. Aber doch so, dass die „fromme Welt“ wenig mit dem zu tun hatte, was Jesus vorlebte. Wir vermissten den Einklang von Wort und Tat. Wir dachten, dass, wenn wir in dieser Gemeinschaft verbleiben würden, wir bis an unser Lebensende einen Kuchen für die Adventsfeier backen und einen Salat für die Silvesterfeier zubereiten würden. Das war möglicherweise etwas kurz gedacht, aber uns hat es getrieben. Wir wollten weg von dem, was vertraut war, wir wollten hinein in eine Arbeit mit jungen Müttern, in eine bunte, übergemeindliche Initiative. Etwas ganz praktisch tun für Menschen.

Durch diese Veränderung lernten wir mehr Christen kennen, unter anderem welche aus dem charismatischen Lager. Und sieh an, schau her, da gab es doch welche, die tatsächlich auch Jesus liebten und gleichzeitig sehr daran interessiert waren, mit uns über den Heiligen Geist zu sprechen. In dem Moment, wenn Begegnung stattfindet und aus einem anonymisierten „die Charismatiker“ echte und noch dazu liebenswerte Menschen wurden, veränderte sich etwas. Und wir wagten es, alles noch einmal neu zu überdenken. Was waren wir gelehrt worden? Wir fanden eine alte Bibel vom Großvater meines Mannes. In der war alles, aber auch wirklich alles angestrichen und kommentiert, außer den Kapiteln, in denen es um den Heiligen Geist ging. Konnte das sein? Hatte man uns etwas vorenthalten? War das unser geistliches Erbe?

Konnte es sein, dass aus einer Dreieinigkeit eine „Eineinigkeit“ geworden war? Jesus, Jesus und Jesus. Da gibt es einen Witz, in dem die Kinder im Kindergottesdienst gefragt werden: „Was hat ein braunes Fell, einen buschigen Schwanz und springt von Ast zu Ast?“ Ein kleiner Junge meldet sich und antwortet: „Eigentlich würde ich ja sagen, das ist ein Eichhörnchen, aber so wie ich den Laden hier kenne, lautet die Antwort: Jesus.“

Unser Glaubensbekenntnis lautet aber Vater, Sohn und Heiliger Geist. Nun ist Gott ja in sich selbst nicht eifersüchtig und er kann das sicher aushalten, wenn wir etwas einseitig agieren, aber es wird diesem wunderbaren Gott nicht ganz gerecht. Ihn auf eine Person zu reduzieren, reicht nicht. Der Gott der Bibel ist der dreieinige Gott, der Vater, der Sohn und der Heilige Geist.

Eine besonders beeindruckende Bibelstelle zu diesem Thema ist, so finde ich, die Taufe Jesu. „Da wurde Jesus von Johannes getauft. Als Jesus wieder aus dem Wasser stieg, öffnete sich der Himmel über ihm, und er sah den Geist Gottes wie eine Taube herabschweben und auf sich zukommen. Gleichzeitig sprach eine Stimme vom Himmel: ‚Dies ist mein geliebter Sohn, an dem ich Freude habe. Ihn habe ich erwählt.‘“ (HfA, Mt. 3, 15b-17)

Der Vater sieht voller Barmherzigkeit auf uns. Der Vater legt uns den Mantel der Gerechtigkeit um und steckt seinen Siegelring an unseren Finger. Gerade dann, wenn wir wie der verlorene Sohn von den Schweinen zurückkehren. Der Vater sagt: „Alles, was mein ist, ist auch dein.“ Dieser Vater ließ schon im Alten Testament mit sich verhandeln. Er ist der Vater, der Nähe zu seinen Geschöpfen, der Beziehung sucht. Er ist der Vater, der seine Regeln verändert hat, damit die Menschen leben dürfen. Dieser Vater hat seinen eigenen Sohn hingegeben, um den Weg frei zu machen, damit wir mit ihm Gemeinschaft haben können. Welch ein Vater!!!!

Sein Sohn Jesus Christus hat uns gezeigt, wie dieser Vater ist. Er hat Heilung, Wiederherstellung, Prophetie, Barmherzigkeit und enge Beziehung zum Vater gelebt. Dieser Sohn hat alle Hierarchien auf den Kopf gestellt. In ihm liegen alle Schätze der Weisheit und der Erkenntnis verborgen. Durch seinen Tod am Kreuz hat ER all unsere Sünden getilgt und den Weg zum Vater frei gemacht. Er hat aber nicht nur den Weg zum Vater geebnet, sondern gleichzeitig den dritten im Bunde gesandt, den Heiligen Geist. Jesus selbst hat gesagt, dass es gut ist, dass er selber geht und dieser Geist kommt.

Der Geist Gottes ist jener Geist, der uns in alle Wahrheit leiten wird. Durch ihn allein ist es möglich, dass alle Menschen zeitgleich mit Gott, dem Vater, und dem Sohn Gottes in Kontakt treten können. Er ist besser als jedes Computersystem dieser Welt, weil er den auf Erden vertritt, der alles weiß. Durch ihn lebt Gott in uns und wir sind sein Leib. Wir sind der Tempel Gottes. Und Gott selbst hat sich das so erdacht. Und so wie Gott sich durch Jesus nicht zu schade war, Mensch zu werden, so ist sich dieser wunderbare Geist Gottes nicht zu schade, in uns zu wohnen und durch uns zu wirken.

Dieser dreieinige Gott ist absolut vertrauenswürdig. In ihm ist das Heil dieser Welt. Vor ihm beuge ich meine Knie. Und der Glaube an diesen Gott ist die Grundlage für meinen Weg im Allgemeinen und auch im Blick auf homosexuell empfindende Menschen.

Nun wäre es falsch zu sagen, dass wir in unserer alten Glaubensgemeinschaft diesen Heiligen Geist nicht hatten, denn es wäre uns ohne ihn ja gar nicht möglich gewesen, an Jesus zu glauben. Und doch erweiterte sich unser Glaubensleben immens, als wir anfingen, sowohl dieses neue Vaterbild zu verinnerlichen, als auch mit diesem Heiligen Geist zu rechnen, als wir lernten, in einer anderen Art und Weise auf ihn zu hören und als wir aufhörten, angstbesetzt auf ihn zu schauen. Niemals wird er uns Schlechtes tun, was selbstverständlich nicht bedeutet, dass wir uns Zeit unseres Lebens auch mit für uns Schwerem und Leid auseinandersetzen müssen.

Unser Wissen bleibt natürlich Stückwerk, so wie das eines jeden Menschen. Und doch kann ich sagen, dass sich meine innere Haltung zum Heiligen Geist, seiner Kraftwirkung, seinen Gaben, seiner wunderbaren Fürsorge, welche die des Vaters und des Sohnes ist, einfach um 100% gewandelt hat. Meine charismatischen

Geschwister sind wirklich meine Geschwister und nicht die leider irrenden Geschwister. Diese Erkenntnis ist eine der grundlegenden, auch für die Gedanken bezüglich homosexueller Menschen – dazu später mehr.

Das, was sich hier jetzt in einigen Minuten liest, ist ein innerer Wandel, den Gott in uns im Laufe von vielen Jahren vollzogen hat. Und manchmal haben wir uns gefragt, warum Gott uns solchen Dingen ausgesetzt hat. Zum Beispiel nahmen wir im Jahr 1993 an einer großen charismatischen Konferenz teil, die es uns ermöglichte, Gott in unserem ganzen Sein, also auch mit unseren Gefühlen, zu begegnen. Eine Woche später belegten wir einen Theologiekurs im Rahmen einer Seelsorgeausbildung, was dann recht ernüchternd war. Das lehrte uns einmal mehr, Unterschiedlichkeit wahrzunehmen, zu schätzen und auch „auszuhalten“. Wir sind heute sehr dankbar für die Vielfalt und dass wir sie auch weiterhin kennenlernen dürfen.

Gott hat uns von der Skepsis in einen vertrauensvollen Umgang, von der theoretischen Abhandlung über den Heiligen Geist in ein sensibles Hören auf seinen Geist geführt. Das füllt mich mit Staunen und Dankbarkeit.

5.3. Der Zerbruch

Wenn Sie dieses Buch bis jetzt noch nicht aus den Händen gelegt haben, bin ich guter Dinge, dass Sie für den nächsten Schritt bereit sind, für unseren Weg mit dem Thema Homosexualität. Wie ich im Vorwort beschrieben habe, hat unsere Tochter mich immer wieder mit Fragen im Blick auf Homosexualität konfrontiert. Und ich habe versucht zu antworten. Zugegeben, es waren keine hilfreichen Antworten. Und wäre mir klar gewesen, dass diese Fragen meine Tochter aus ganz persönlicher Betroffenheit bewegten ... ich hätte wohl nach anderen Antworten gesucht. So blieb es bei: Homosexuelle Menschen sind krank. Es sind auch Menschen, denen man mit Liebe begegnen muss, aber ihr Verhalten ist Sünde ... Ich mag das hier kaum niederschreiben. Kennen Sie das? Dass Sie sich fragen, ob Sie das selber waren? So fühle ich mich. Und es kam noch schlimmer:

An einem Abend saß meine Tochter bei mir. Sie hatte ihr Abi in der Tasche und es war klar, dass sie bald ein Studium beginnen würde. Ich sagte zu ihr: „Wir sind so stolz auf dich!“ Und sie antwortete: „Ihr braucht nicht stolz auf mich zu sein.“ Ich: „Aber natürlich sind wir das!“ Bis dahin war meine Welt in Ordnung. Meine Tochter hatte etwas erreicht, was meinem Mann und mir nicht vergönnt war. Das Abitur. Ich hatte es mir nicht zugetraut und mein Mann war in dem Alter in Rebellion gegen sein Elternhaus. Aber unsere Tochter, die ging studieren! Und dann sagte sie den Satz, der unser Leben erschütterte wie selten etwas zuvor: „Ihr braucht nicht stolz auf mich zu sein, ich bin nämlich lesbisch!“ In diesem Moment war alles klar. Es war klar, warum sie diese vielen Fragen gestellt hatte, es war klar, wie unglaublich dämlich ich geantwortet hatte, es war klar, warum sie im Rückblick auf viele Dinge so oder so reagiert hatte. Und meine Reaktion jetzt? Ich tobte! Ich war außer mir! Ich beschimpfte sie! Ich wollte das weder akzeptieren noch wahrhaben. Das konnte nicht wahr sein! Was ist jetzt mit ihr und uns? Was ist mit den Freunden und Verwandten? Was ist mit Gott? Das ist der Freifahrtschein in die Hölle! Mein Kind!

An diesem Abend brach unser gesamtes Bild einer heilen Welt entzwei. Unser Bild davon, dass wir eine ganz normale christliche Familie seien.

Erfüllt von Schuld- und Schamgefühlen wagten mein Mann und ich es lange Zeit nicht, mit anderen Menschen darüber zu reden. Zu groß war die Angst, abgelehnt oder verurteilt zu werden, denn auch viele der Menschen, die uns umgaben, kannten keine andere Lehre zum Thema Homosexualität als wir. Unsere Tochter war völlig allein, wir aber auch. Nicht auszudenken, wenn unsere eigenen Eltern davon erführen! Auch im näheren Verwandtenkreis blieb das Ganze ein Tabu, so ein richtiges Familiengeheimnis.

Während unsere Tochter sich schon einige Jahre mit dem Thema beschäftigt hatte, war für uns das direkte Betroffensein völlig neu und wir hatten einfach nur unsere alten Antworten. Und die waren irgendwie grausam, denn sie bedeuteten eine Trennung von unserem geliebten Kind auf ewig. Zu diesem Zeitpunkt gab es keinen Ausweg, keine Lösung. Nur Angst um unser Kind, die sich ihr gegenüber nicht in liebevoller Fürsorge zeigte, sondern in unserer Erwartung, dass sie ihr Verhalten ändern müsse.

Zeitgleich wurden manche Dinge klar. Einige Jahre zuvor knüpfte unsere Tochter über das Internet Kontakt mit einer jungen Frau. Obwohl unsere Tochter damals erst 16 Jahre alt war, erlaubten wir ihr zu einer wildfremden Familie nach Bayern zu fahren, nichtsahnend von ihren Gefühlen. Im Nachhinein waren wir wohl an Naivität und Blindheit kaum zu überbieten. Selbst als diese Beziehung zerbrach und unsere Tochter aus unserer Sicht völlig überreagierte, weil wir ja nicht im Entferntesten an eine Liebesbeziehung dachten, begriffen wir nicht.

Ich merke, wie ich an diesem Punkt, aber auch mit mir selbst sehr unbarmherzig umgehe. Und ich merke, wie die alte Sichtweise, dass die Eltern wohl irgendwie die Mitschuld tragen, immer noch greifen will. Im Jahr 2004, in dem unsere Tochter erste konkrete Schritte in Richtung Partnerschaft mit einer Frau ging, tobte um uns herum das Chaos. Wir hatten ein Haus gekauft, das sich im Nachhinein durch verdeckte Mängel für uns als unbewohnbar erwies. So zogen wir als 5-köpfige Familie übergangsweise zu meinen Eltern, von 140qm auf 70qm. Mein Vater war schon im Jahr zuvor an Lungenkrebs erkrankt, meine Mutter bekam eine Gürtelrose. Hinzu kam, dass sich unser reales und geistliches Leben auch dadurch verwob, dass wir das Haus mit all seinen Mängeln von gläubigen Leuten erworben hatten. Dadurch gerieten wir nicht nur äußerlich in Not und standen durch einen erheblichen finanziellen Verlust kurz vor der Insolvenz. Auch unser, insbesondere mein, Glaube geriet mächtig ins Wanken. Mein Mann und ich hielten trotzdem fest zusammen. Als Strategie nahmen wir uns vor, uns und unseren Kindern jeden Tag unsere Liebe zu versichern. Das taten wir. Es gab auch einige gute Freunde, ohne die wir die Zeit wohl nicht oder sehr viel schlechter überstanden hätten.

Als unsere Tochter sich outete, waren all diese Dinge noch nicht verarbeitet, doch hatte sich äußerlich vieles geklärt. Wir hatten nochmals ein Haus gekauft und kernsaniert. Doch mein Vater war zwischenzeitlich verstorben und weder bei meinem Mann noch bei mir waren die alten Kräfte wieder vorhanden.

Unsere Tochter ging kurz nach ihrem Outing tatsächlich studieren. Gespräche über das Thema machten die Situation eher schwieriger, zu gegensätzlich waren die Pole. Das Ganze fiel dann ein wenig unter: aus den Blicken, aus dem Sinn. Der Verdrängungsmechanismus griff. Unsere Tochter lebte ihr Leben, wir mit den beiden Söhnen das unsrige. Wir bemühten uns weiterhin, uns respektvoll zu begegnen, Dinge gemeinsam zu unternehmen, ohne das Tabuthema anrühren zu müssen. Die Devise meines Mannes und mir war: Liebe nicht die Sünde, aber den Sünder. Wir wollen nicht jeden Weg, den unsere Kinder gehen, gutheißen, aber jeden Weg mitgehen.

Es sollte mehr als ein Jahrzehnt dauern, bis endlich Heilung kam. Aber keine Heilung in Bezug auf eine Umkehrung der geschlechtlichen Orientierung unserer Tochter, sondern eine Heilung unserer Einstellung und Sichtweise.

Doch bis dahin verflogen die Jahre und unser Leben war gefüllt mit Dingen, die ein Leben so füllen. Berufstätigkeit und Schule, Sportverein und Hausrenovierung, Freunde und Hauskreis...

Es kam das Jahr 2013. Unsere Söhne waren 15 und 17. Meine Mutter erkrankte an einem Hirntumor, es folgte ihr Umzug in eine altengerechte Wohnung, eine Operation, die sie zum Pflegefall werden ließ. Schlussendlich verstarb sie nach einem halben Jahr des Leidens. Er war Herbst und insgesamt war ich ein ganzes Jahr neben meiner Berufstätigkeit vollauf mit ihr beschäftigt und mit meiner Kraft am Ende. Und manchmal kommt es dann noch ärger. In der Woche ihres Todes verkündete unser älterer Sohn, er wolle mit Freunden zum Einkaufen ins Ruhrgebiet. Ich weiß gar nicht mehr, wie es klar wurde, dass das nicht sein wirkliches Ziel war. Ich weiß nur noch, dass wir gemeinsam in unserer Küche saßen, dass es früh morgens war und wir beide haltlos weinten, als er sich outete. Er fuhr dann zu einem inoffiziellen Treffen eines Internetforums. Ich blieb zurück und dachte, dass ich auf jeden Fall jetzt gleich sterben würde. Ich schrie zu Gott und sagte: „Bitte, Gott, gib mir irgendetwas, woran ich mich festhalten kann.“ Und ich hörte: „Birgit, es ist keine Verdammnis für die, die in Christus Jesus sind.“ Ok. Ich weiß, die beiden sind bewusst auf den Namen Jesu getauft. Gut, daran halte ich mich fest. Aber dadurch war noch nichts bewältigt. Es folgten Monate, in denen ich immer wieder erwachte und der Meinung war, dieser Albtraum müsse doch nun vorbei sein. Aber das war er nicht. Unser Sohn ging seinen Weg mit einem Partner. Als in diesem Jahr Weihnachten kam, flossen meine Tränen, doch ich hatte den Bezug zu mir selbst verloren. Ich spürte mich nicht mehr. Ich fühlte nicht Trauer oder Wut, nicht Schmerz oder Angst, ich spürte nur, dass die Tränen über meine Wangen flossen.

5.4. Die Frage

Es wurde Zeit, mir selbst Hilfe zu suchen. Und das tat ich auch. Ich machte mich auf einen Weg. Die erste Hürde, die ich dabei nahm, war, mit diffusen Schuldgefühlen und Überverantwortlichkeit umzugehen. Das innere Loslassen, das klare Auseinanderbringen, dass ich nicht für die Einstellungen und Taten meiner erwachsenen Kinder verantwortlich war, nahm schon mal einen enormen Druck von mir. Sie durften ihren Weg gehen, ich den meinen. Und wie ich ja anfangs beschrieben habe, gab es für uns auch einen „charismatischen“ Weg, einen Weg, auf dem wir mehr und mehr in der Lage waren, auf Gott zu hören. Und das war hilfreich. Was gleich zu Anfang meines Weges klar wurde, war, dass wir Christen oft dazu neigen, Sünden in schlimm und weniger schlimm einzuteilen. Die erste Frage Gottes fiel dementsprechend aus: „Sag mal, Birgit, hast du eigentlich eine Sündenhierarchie?“ – „Hmm, Gott, lass mich ganz kurz überlegen: Ja, habe ich. Und Homosexualität ist wohl mit eine der allerschlimmsten, denn das ist dir ein Gräuel. Wer das tut, hat einfach gar keine Chance, vor dir zu bestehen.“ Und so antwortete ich und widerlegte meine Antwort gleichzeitig. Sünde ist das, was uns von Gott trennt. Es gibt überhaupt keinen Menschen, der keine Sünde hat. Wie viele Menschen leben wohl in heterosexuellen Beziehungen und leben vor Gott gar nicht so, wie es ihm gefällt? Wie komme ich also darauf, dass Homosexualität die schlimmste aller Sünden ist? Wer hat mir das beigebracht? Mal abgesehen davon, dass Sex ja sowieso ein angelerntes Tabuthema war. Woher kam dieses tiefe Gefühl des „Schlimmer geht es nicht“?

Und dann finden wir noch verschiedene Auflistungen von den Dingen, die die Bibel als Sünde beschreibt: „Gebt ihr dagegen euren selbstsüchtigen Wünschen nach, ist allen klar, wohin das führt: zu einem sittenlosen Leben, Unzucht und hemmungsloser Zügellosigkeit, zur Anbetung selbstgewählter Idole und zu abergläubischem Vertrauen auf übersinnliche Kräfte. Feindseligkeit, Streitsucht, unberechenbare Eifersucht, Intrigen, Uneinigkeit und Spaltungen bestimmen das Leben ebenso wie Neid, Trunksucht, üppige Gelage und ähnliche Dinge.“ (HfA, Gal. 5, 19-21a) Ein sittenloses Leben und Unzucht konnten nur Sex vor der Ehe und Homosexualität bedeuten. Alle anderen Dinge waren dem irgendwie untergeordnet, obwohl sie oft so viel präsenter waren. Aber ist Homosexualität einmal als Sünde definiert, dann ist die Aufgabe ganz klar: Umkehren. Sünde trennt uns von Gott. Jesus ist zwar für unsere Sünde gestorben, das bedeutet aber nicht, dass wir lustig drauflossündigen können, denn dadurch würden wir seine Tat am Kreuz – wie soll ich es ausdrücken? – missbrauchen. Bewusst Dinge immer wieder zu tun in dem Glauben, mir wird ja sowieso vergeben, ist einfach billig und achtet und wertschätzt in keiner Weise das Opfer, das Jesus am Kreuz gebracht hat.

Vielleicht müssen wir an dieser Stelle den Begriff der Sünde klären. Im Neuen Testament wird der Begriff Harmatia am häufigsten verwendet, was soviel bedeutet wie: nicht treffen, verfehlen. Harmatia beschreibt das, was mir eine Schuld Gott gegenüber einbringt. Ein anderer Begriff lautet Hamartäma. Er beschreibt die einzelne Tat, Ungehorsam, Gesetzlosigkeit. Worin liegt in diesem Falle konkret die Sünde? Besteht sie darin, sexuelle Lust in Gleichgeschlechtlichkeit zu empfinden? Sexualität ist in ihrem Ursprung das Innigste, das Intimste, was zwei Menschen miteinander haben können. Sie ist ein Geschenk Gottes an uns; in einem Rahmen, den zwei Partner gleichberechtigt bestimmen, in dem einer das Wohl des anderen sucht.

Doch zurück zur Sünde. Eine Tat oder auch Gedanken werden zur Sünde, wenn sie nicht mit dem übereinstimmen, was Gott gesagt hat. Und wenn ich Homosexualität als bewusstes Handeln ansehe, als einen gewählten Weg von Menschen, und nicht den Menschen als homosexuell gemacht betrachte, dann bleibt mir wohl der Rückschluss, dass mich dieses Handeln von Gott trennt.

Es trennt mich dann aber nicht mehr von Gott als Feindseligkeit, Streitsucht, Intrigen ... Das wollte Gott mir wohl zeigen mit dieser Frage: Hast du eine Sündenhierarchie? Ja, habe ich. Doch Sünde trennt von Gott, egal, wie klein oder groß sie in unseren Augen ist.

Ganz am Anfang der Bibel, da steht geschrieben, dass Gott Adam eine Aufgabe und ein Gebot gab: „Gott der Herr setzte den Menschen in den Garten von Eden. Er gab ihm die Aufgabe, den Garten zu bearbeiten und zu schützen. Dann schärfte er ihm ein: ‚Von allen Bäumen im Garten darfst du essen, nur nicht vom Baum der dich Gut und Böse erkennen lässt.'" (HfA, 1. Mose, 2,16b u. 17a) Wir alle wissen, wie es weiterging: „Die Schlange war listiger als alle anderen Tiere, die Gott, der Herr gemacht hatte. ‚Hat Gott wirklich gesagt, dass ihr von keinem Baum Früchte essen dürft?', fragte sie die Frau. ‚Natürlich dürfen wir', antwortete die Frau,

‚nur von dem Baum in der Mitte des Gartens nicht'... Sie pflückte eine Frucht, biss hinein und reichte sie ihrem Mann, und auch er aß davon." (HfA, 1. Mose 3,1 u. 2, 3a u. 6b) Seitdem haben wir es schwerer, müssen unter Schmerzen unsere Kinder gebären und im Schweiße unseres Angesichts unser Brot verdienen. Was aber viel schlimmer wägt, finde ich, ist, dass wir wie unter einem Zwang stehen, alles beurteilen zu müssen. Ist es gut, ist es schlecht? Ist es richtig oder ist es falsch? Homosexualität zu leben, entspricht nicht der Norm. Es ist irgendwie anders. Und weil wir beurteilen müssen, kommen wir zu dem Schluss: Es ist falsch, nicht nur anders, sondern falsch. Und falsch bedeutet Sünde, so einfach ist das. Wir leben nicht mehr in paradiesischen Zuständen. Können wir uns vorstellen, dass einfach nur das eine so und das andere so ist? Können wir diesen Gedanken in Bezug auf Homosexualität zulassen und dass der eine Mensch so und der andere so ist? Ich glaube, wir tun gut daran, nicht zu schnell unsere Antworten parat zu haben, denn der Geist der Pharisäer lässt grüßen.

5.5. Die Predigt

Und noch ein anderer Gedanke hat mich in den Jahren beschäftigt. Zuerst war es schwer, ihn zuzulassen. Was wäre, wenn Gott Homosexuelle als Homosexuelle geschaffen hat? Jetzt wird es sicher manchem Leser schwerfallen, mich nicht als blasphemisch anzusehen, doch gehen wir mal langsam an den Gedanken heran. Wenn ich davon ausgehe, dass jeder Mensch von Gott geschaffen und gewollt ist, denke ich jetzt noch einmal an die ersten Menschen und es fällt mir nicht schwer zu glauben, dass Gott sie ansah und es sehr gut war. Doch wie viele Menschen kennen Sie in Ihrem Umfeld, die in menschlichen Augen nicht so perfekt sind, die nicht so „normal" denken, einen nicht so „normalen" Körper haben, deren Psyche nicht so „normal" tickt? Welchem von denen, die Ihnen jetzt eingefallen sind, würden Sie sagen: „Gott liebt dich nicht genau so wie du bist, du musst erst anders werden, dann ist Gott in der Lage, dich anzunehmen. Sorge erst einmal dafür, dass du wieder richtig sehen kannst, dass dein IQ auf 140 ansteigt oder dass dein rechtes Bein 5 cm länger wird. Dann hast du eine Chance bei Gott. Sei erst einmal in meinen Augen richtig, dann kannst du bei Gott ankommen. Sieh zu, dass deine homosexuellen Empfindungen aufhören, dann bist du geliebt."

Homosexuell empfindenden Menschen hingegen wird schnell eine Absicht unterstellt. Man sieht in ihren Handlungen eine bewusste Entscheidung. Sie wollen es so und nicht anders und sündigen gezielt. Vielleicht ist die Annahme, dass Homosexuelle sich mit ihren Empfindungen bewusst gegen Gott auflehnen, der hauptsächliche Grund ihrer Ablehnung durch Christen.

In der Zeit meiner Arbeit mit Müttern und ihren Kindern wurde ein Baby viel zu früh geboren, mit nicht einmal 700 g Geburtsgewicht. Ich besuchte dieses Kind im Krankenhaus und obwohl es keine Klinik mit kirchlichem Hintergrund war, hing über seinem Bettchen ein Vers: „Ich liege und schlafe ganz in Frieden; denn allein du, Herr, hilfst mir, dass ich sicher wohne." (Luther, rev. 84, Ps. 4,9) Ich sah auf dieses kleine Wesen, dessen Ärmchen dünner zu sein schienen als die Zugänge, die gelegt waren. Ich betete, dass Gott es doch zu sich nehmen möge in der Annahme, dass es ihm dann besser gehe. Doch das geschah nicht. Der kleine Kerl überlebte, zwar körperlich und geistig behindert, aber stets fröhlich. Immer, wenn ich ihn danach sah oder von ihm hörte, konnte ich wahrnehmen, dass er glücklich war. Gott hatte ihn geschaffen und zugelassen, dass es so war und nicht anders. Kann ich das verstehen? Nein. Darf ich trotzdem denken und glauben, dass Gott damit einen Plan hat und dass er diesem Menschen ganz nah ist und dass er ihn liebt, weil er seine Schöpfung ist?

Einen Grund für manche Dinge zu finden, ist überaus schwierig. Ich habe am Anfang des Buches verschiedene Erklärungsversuche beschrieben, wodurch Homosexualität entsteht. Und doch fällt es uns so schwer, das einfach anzunehmen, zu akzeptieren und einen Blick dafür zu entwickeln, dass sich das kein homosexuell empfindender Mensch einfach so aussucht und toll findet. Und der nächste Schritt wäre der Gedanke: Ja, warum auch immer, Gott lässt das so zu. Homosexualität gehört zur Schöpfung Gottes, die ja, bis Himmel und Erde vergehen werden, eine gefallene Schöpfung bleibt, und in ihr leben und sind wir.

Ich besuchte dann im Anschluss an meine Seelsorgeausbildung einen Kurs zum Thema Homosexualität, Transsexualität ... Ich fand dort eine Weite beim Referenten, die ich in diesem Rahmen nicht erwartet hatte. Bei einigen Teilnehmern erspürte ich das, was uns so zu eigen ist. Zum einen eine gehörige Empörung über homosexuelles Verhalten, zum anderen eine etwas erhabene und auch unangenehm spöttische Haltung. In diesem Rahmen mochte ich mich als Angehörige nicht outen. Es gelang mir aber, in der Pause kurz mit dem Referenten zu sprechen und meine Situation zu schildern. Der wies mich auf eine Predigtreihe hin, die einige Zeit auch öffentlich einzusehen war, dann aber „verschwand". Da ich den Verfasser persönlich kannte, schrieb ich ihn an und er stellte mir seine Gedanken für einige Tage zur Verfügung. Was er schrieb, war so gewagt! Und ich war so berührt!

Beinhalteten diese Predigten doch so viel von der Barmherzigkeit Gottes, machten sie deutlich, dass nach dem Sündenfall die Schöpfung ganz einfach eine gefallene Schöpfung war, dass sich aber auch entscheidende Dinge noch einmal gänzlich verändert haben müssen. Denn am Anfang steht dort: „Ihr dürft die Früchte aller Pflanzen und Bäume essen; den Vögeln und Landtieren gebe ich Gras und Blätter zur Nahrung." (HfA, 1. Mose

1,29 u. 30) Das malt uns ein Bild, dass Löwe und Lamm einträchtig beieinander sein konnten, ohne Angst. Wenn aber der Löwe tatsächlich am Anfang Gras gefressen hat, muss sich sein gesamtes Verdauungssystem verändert haben. Wie kann das sein? Es steht dort auch, dass Eva sich mit der Schlange unterhalten hat! Wäre dann der Gedanke zu gewagt, dass sich auch hormonelle Dinge ändern können, ohne sie als Sünde zu bezeichnen?

Das Althergebrachte wurde in diesen Predigten einfach mal in Frage gestellt. Die Fokussierung lag auf der Gnade Gottes, der für die Menschen eine Notordnung erstellte, der den Menschen erlaubte, sich scheiden zu lassen, wenn sie keinen anderen Ausweg mehr sahen. Es waren Predigten, in denen beschrieben wurde, dass es nach dem Rauswurf aus dem Paradies einschneidende Veränderungen gegeben haben muss. Sicher ist es gewagt, aber könnte es sein, dass auch genetisch und hormonell Veränderungen geschahen? Was wäre, so das Fazit, wenn wir homosexuellen Menschen einfach komplett Unrecht tun, weil wir ihnen eine Absicht ihrer Empfindungen unterstellen?

Zum damaligen Zeitpunkt hat mich dieser Gedanke elektrisiert. Er brachte mich nach der Erkenntnis über die Sündenhierarchie in eine neue Richtung. Nicht allein meine Beurteilung, wie groß oder klein eine Sünde ist, versperrt den Weg zum anderen Menschen, sondern jetzt richtete sich die Anfrage direkt an mich:

Konnte es sein, dass ich komplett falsch lag? Sind es gar nicht meine Kinder, die Heilung brauchen, sondern bin ich diejenige, die neue Gedanken zulassen muss?

5.6. Das Gebet

Der nächste Schritt folgte. Gott ist geduldig und er mutete uns nie zu viel zu. Es war Anfang des Jahres 2019. Mein Mann und ich saßen in unserem Wohnzimmer. Wir lieben es, gemeinsam Gott anzubeten. Während unseres Lobpreises sprechen wir immer wieder einfach mal so mit Gott. Ein uns bekanntes Ehepaar kam mir in den Sinn. Wir wussten um einige Schwierigkeiten in der Beziehung und so betete ich um Gottes Hilfe und seinen Segen; ja ich ging sogar noch weiter, ich segnete die beiden vor der unsichtbaren Welt. Ja, und weil Gott ein lebendiger Gott ist und weil auch er es liebt, mit uns zu reden, sprach er einfach dazwischen. Wieder stellte er mir eine Frage. Diesmal lautete sie: „Wieso kannst du diese beiden segnen und deinen eigenen Sohn und seinen Freund nicht?“ Ups. Überführt! Gott musste gar nicht mehr sagen. Ja, wie kann das gehen, dass ich voller Inbrunst ein Ehepaar segne (wobei die Frau schon vor ihrer jetzigen Beziehung zweimal geschieden war) und meinem eigenen Kind den Segen verweigere? Ich saß da und weinte und konnte mich gar nicht mehr beruhigen. Warum messen wir mit so unterschiedlichem Maß? Das eine ist nicht nur gesellschaftsfähig, sondern wird auch von einem großen Teil der Gemeinde Gottes als „normal“ angesehen. In vielen Gemeinden ist es keine Frage mehr, dass Geschiedene einen Platz in ihrer Mitte haben. Doch steht denn nicht auch in der Bibel: „Sie werden also eins sein und nicht länger zwei voneinander getrennte Menschen. Was aber Gott zusammengefügt hat, darf der Mensch nicht trennen.“ (HfA, Mt. 19, 6) Hat sich Gott nicht auch hier gnädig erwiesen, den Menschen einen Ausweg gelassen? „Mose erlaubte es [den Scheidebrief], weil er euer böses und hartes Herz kannte. Aber Gottes Absicht war das nicht, als er die Ehe stiftete.“ (HfA, Mt. 19,8) Darf ich den Gedanken denken, dass Gott sich auch bei den Homosexuellen als gnädiger Gott erweist? Oder sollte ich besser annehmen, dass genau bei dieser Frage seine Gnade aufhört? Gott ist am Ende, an den Homosexuellen scheitert Gott. Nein!!! Denn er hat durch Jesus alles getilgt, was uns irgendwie von ihm trennen könnte.

Manchmal stelle ich mir vor, in welchen Kreisen sich Jesus als Person wohl heute bewegen würde? Was würde er heute antworten auf die Frage: „Bist du der Christus?“ Würde man ihn heute einen Freund der Homosexuellen und Sünder nennen? Wie können wir handeln wie Jesus? Das ist die entscheidende Frage für uns als Christen. Wie können wir annehmen, statt auszugrenzen? Wie können wir allen Menschen Barmherzigkeit erweisen? Was kann uns dazu bringen, unsere Berührungsängste zu überwinden?

5.7. Das Seminar

Dann kam der Schritt, der letztlich zu einer grundlegenden Versöhnung mit unseren Kindern führte. Durch meinen Supervisor wurde ich Anfang 2019 auf ein Seminar aufmerksam gemacht, das für Angehörige homosexueller Menschen ausgeschrieben war. Es gibt solche Momente, da weiß ich einfach, da muss ich hin. Und das war so ein Moment. Ich verkündete meinem Mann, dass ich auf jeden Fall dorthin fahren würde. Damit löste ich einen inneren Kampf bei ihm aus. Es ist so unglaublich praktisch, wenn ein Ehepartner für den Beziehungsteil und die schwierigen Themen des Lebens zuständig ist, dann kann der andere abwarten, was passiert und sich dann immer noch in Ruhe überlegen, was er gut findet und was nicht. Und bis zu diesem Jahr war ich eher der aktive Teil, was die Auseinandersetzung mit dem Thema Homosexualität anbelangte. Doch nun lautet die Frage für meinen Mann: Lasse ich Birgit alleine fahren oder bin ich dabei? Stelle ich mich nun endlich selber auch diesem Thema?

Ich danke Gott wirklich von Herzen, dass mein Mann sich zum Mitfahren entschied, denn dieses Seminar bewirkte noch einmal eine Weichenstellung für uns, die zu einer gefestigten Haltung mit dem Thema Homosexualität führte. Und weil es einfach unser Lebensstil ist, dass wir mit dem, was wir haben, arbeiten, entschieden wir uns, nicht passiv zu bleiben. Deshalb entstand dieses Buch und deshalb wird noch so manches in Bewegung kommen.

Nun zu den beiden Dingen, die mich vom Seminar her am meisten bewegten. Es ging in einer Übung darum, einen Standpunkt zu beziehen und zwar ganz praktisch, quer durch den Raum. Auf der einen Seite des Raumes war die Skala bei null auf der anderen Seite bei zehn. Es wurden verschiedene Fragen gestellt und jeder bezog seine Position. Eine Frage oder Aussage lautete: Homosexualität gehört zur Schöpfungsordnung Gottes. Ach du liebe Güte. Aus meinem angelernten Denken her ist es eine Gotteslästerung, Blasphemie!!! Gleichzeitig wusste ich in diesem Moment, dass ich auf gar keinen Fall auf die Seite der Null gehörte. Also, es gehört gar nicht zur Schöpfungsordnung. Daher stellte ich mich in die Mitte, wäre aber lieber bei dem Gedanken geblieben, ja vielleicht ist das einfach so, dass es tatsächlich Menschen gibt, die so empfinden, ohne krank, abartig oder dämonisch besessen zu sein. Ich merkte, dass ich mich am liebsten der Seite der Zehn zugeordnet hätte. Ja, homosexuell empfindende Menschen sind ganz und gar von Gott gemacht, so wie sie sind.

Und noch etwas passierte dort. Viele Jahre zuvor hatte meine Tochter zum Ausdruck gebracht, dass sie ganz angenommen sein möchte. Also wirklich ganz. Ich habe geantwortet, dass ich sie wirklich annehme, aber die Sünde (das lesbisch sein) nicht annehmen kann. Ich umarme sie als Mensch, aber nicht das, was an ihr schlecht ist. So wie Gott. Er sieht uns durch das Kreuz Jesu und schaut nicht auf die Dinge, die grad nicht so klasse sind. Den Teil meiner Tochter, der mir nicht gefiel, den wollte ich einfach abspalten. So funktioniert das aber nicht. Und als ich beim Seminar so in der Mitte des Raumes stand, da wusste ich plötzlich, was sie Jahre vorher gemeint hatte. Ich hatte sie nicht verstanden. Doch dort zu stehen, löste etwas und ich begriff.

Dieses Erlebnis führte eine Woche später zu einem intensiven Gespräch mit unseren Kindern, zu reichlich Tränen und einer tiefen Versöhnung!!! Mein Mann und ich baten unsere Kinder aus tiefstem Herzen um Vergebung. „Ja, wir nehmen euch ganz an. Wir haben euch nicht ‚trotzdem lieb‘, obwohl ihr so seid. Nein! Wir lieben euch um eurer selbst willen. In eurem ganzen Sein, so, wie unser Gott und Vater euch erschaffen hat."

Das zweite Erlebnis, welches mein Innerstes erschütterte, war das Reden Gottes in einer Art und Weise, das mich dauerhaft auf dem eingeschlagenen Weg halten wird. Zum Mitarbeiterteam des Seminares gehörte ein verheiratetes männliches Paar. Da Gott mich ja schon vorher einmal gefragt hatte, warum ich meinen Sohn nicht segnen kann, machte ich auf einem Spaziergang einen Deal mit Gott. Und weil er ein liebender Vater ist, ein Papa, lässt er sich manchmal auf solche Dinge mit mir ein. Ich sagte also zu ihm: „Weißt du, wenn du möchtest, dass ich homosexuelle Menschen segne, dann gib mir doch bitte etwas, womit ich diese beiden

Männer segnen kann. Sag mir etwas für sie. Gib mir ein prophetisches Wort." Ich setzte mich auf eine Bank, mein Mann drehte noch eine Runde und ich holte mein Schreibzeug heraus. Ich möchte jetzt nicht die ganze Prophetie wiedergeben, sondern nur ein Wort. Dieses Wort hieß: „Donnersöhne!"

Ich blickte in den Himmel und dachte, ob wohl ein Gewitter aufzieht? Hmm, komisches Wort, das sagt mir ja mal gar nichts. Aber ich schrieb es auf. Als mein Mann von seinem Spaziergang zurückkam, berichtete ich, was ich gehört hatte. Und da mein Mann schon in der Jungschar bei jedem Bibelquiz gewonnen hat, konnte er etwas damit anfangen. „Ja klar, die Donnersöhne, so hat Jesus die Söhne des Zebedäus genannt, Jakobus und Johannes." Das beeindruckte uns! Beim weiteren Recherchieren lernten wir, dass diese beiden zu den Lieblingsjüngern Jesu gehörten: Petrus, Jakobus und Johannes. Wollte Gott uns hier deutlich machen, dass unsere homosexuellen Brüder (und Schwestern) zu seinen Lieblingskindern gehörten? Welch ein Gedanke! Und umso häufiger ich ihn denke, desto größere Freude überkommt mich!

Und noch eine andere Sache hat uns diesbezüglich bewegt. Kurze Zeit nach diesem Ereignis saßen wir in einem unserer Gottesdienste, es ging um die Berufung der ersten Jünger. Da fiel meinem Mann (Sie wissen schon, Bibelquiz) wieder ein, dass Jakobus und Johannes mit ihrem Vater die Netze flickten, als sie berufen wurden. Dieses Flicken der Netze steht für uns symbolisch für einen Knotenpunkt, zusammenbinden, Teil des Ganzen sein. Kann es sein, dass Gott so konkret wird? Ich denke, ja. Unsere homosexuellen Geschwister sind ganz unsere Geschwister, so wie die Charismatiker nicht unsere irrenden Geschwister, sondern ganz unsere Geschwister sind, (da darf sich jetzt jeder Leser seine eigenen Beispiele überlegen). In unserer Vergangenheit hörten wir immer mal wieder in Predigten, dass die Gemeinde die Braut Christi sei und er sie sich zubereitet und dass kein Makel an ihr zu finden sein wird. Da packt mich aber die schiere Verzweiflung, wenn ich an Gemeinde denke, denn mir fällt überhaupt keine Sünde ein, die es dort nicht gibt. Doch dann kam mir ein Gedanke: Die Braut Christi ist bereits wunderschön, aus der Sicht des Bräutigams. Kennen Sie die Komödie: „Schwer verliebt?" In diesem Film geht es darum, dass ein sehr oberflächlicher Mann hypnotisiert wird und Frauen dadurch äußerlich in ihrer inneren Schönheit sieht. Er verliebt sich daraufhin in die Tochter seines Chefs, eine sehr korpulente Dame. – Und die Dinge nehmen ihren Lauf. Ich glaube, das ist ein schönes Beispiel dafür, wie Jesus seine Gemeinde sieht. Jesus entscheidet sich bewusst, dass er alles, was uns von ihm trennt, als nicht existent betrachtet.

Mein Gedanke ist: Wir alle, die wir an seinen Namen glauben, sind ganz Sein in all unserer Unvollkommenheit. Perfekt und ohne Schuld und Scham werden wir im Himmel vor ihm stehen, gerecht gesprochen durch den einen, der all unsere Schuld durch sein teures Blut tilgte. In ihm sind wir Kinder des allmächtigen und barmherzigen Vaters, der uns durch seinen Geist in alle Wahrheit leitet.

5.8. Das Fazit

An diesem Punkt gebe ich noch einmal eine kurze Zusammenfassung dessen, was sich über viele Jahre in uns gedanklich verändert hat:

- Zu Beginn war Homosexualität das Schlimmste, was unseren Kindern passieren konnte. Wir nahmen an, dass sie irgendwie vom rechten Weg abgekommen waren und wir versagt hatten.
- Es gibt keine Sündenhierarchie vor Gott. Sünde trennt von Gott, egal wie groß oder klein sie ist. Sie wurde durch den Tod Jesu am Kreuz besiegt.
- Ich kann Homosexualität nur als Sünde bezeichnen, wenn eine bewusste Tat vorliegt, aber nicht, wenn es um eine Identität, ein Sein geht.
- Wir leben nicht mehr in paradiesischen Zuständen, aber Gott ist der Schöpfer und ich kann ihm als Mensch nicht vorschreiben, wie er zu kreieren hat.
- Wenn ich Homosexualität als Teil der Schöpfung Gottes annehme, kann ich homosexuelle Menschen vorbehaltlos annehmen und segnen.

6. Verschiedene Sichtweisen aus dem Blickwinkel von Angehörigen homosexueller Menschen

Bewegt hat mich im Zusammenhang mit unserer eigenen Geschichte auch die Frage, wie wohl andere Angehörige mit dem Thema umgehen. Als wir im März 2019 ein Seminar für Angehörige homosexueller Menschen besuchten, wurde mir klar, dass es den Begriff eines Co-Outings gibt. Das Outing unserer Kinder hat natürlich in erster Linie ihr Leben betroffen, doch auch auf uns hatte es nichtsdestotrotz Auswirkungen und Folgen. Neben Schuld- und Schamgefühlen treten andere Fragen auf. Wie reagieren Freunde und Verwandte, Kollegen und Nachbarn, die davon hören? Wenn Kinder meiner Kollegen heiraten, dann wird normalerweise gratuliert. Wird sich jemand mit uns freuen, wenn mein Sohn seinen Mann heiratet? Wie gelingt es, sich von dem, was vielleicht nicht in Existenz kommt, (eigene Enkelkinder) zu verabschieden? Wie wird es meinen Kindern ergehen, wenn sie älter werden? ...

Wie gut ist es dann, mit anderen darüber reden zu können! Mein Mann und ich haben die Entscheidung getroffen, regelmäßige Treffen für Angehörige homosexueller Menschen zu gestalten (womit wir auch begonnen haben). Es ist hilfreich, sich auszutauschen. Viele Betroffene versuchen, damit allein umzugehen oder stoßen, wenn sie sich öffnen, auf Sprachlosigkeit,

Unverständnis, Bagatellisierung, Schuldzuweisung. All das ist möglich. Manch einer verdrängt das Thema gänzlich oder bricht die Beziehung zu seinen Kindern ab. Aber nicht nur Eltern sind betroffen.

Da gibt es Geschwister, Ehefrauen, Ehemänner, Kinder, Großeltern ... Für mich als ebenso Betroffene ist es tröstlich zu wissen, dass Menschen sich manchmal ähnliche Fragen gestellt haben wie wir als Eltern. An allererster Stelle steht hier sicher: „Was haben wir falsch gemacht?" An zweiter Stelle stehen Scham und Schuld. Aber wer den Mut findet, sich mit dem Thema zu beschäftigen, der hat die Chance, einen Weg zu finden, der in eine Freiheit führt, die vorher nicht da war. Und das bewirkt eine Herzenserweiterung.

Ich bin sehr dankbar, dass Menschen mir ihr Vertrauen geschenkt haben und ihre bewegenden Berichte nun an dieser Stelle in verschiedenen Formen, teilweise anonymisiert, zu lesen sind.

6.1. Ein Beitrag von Sigrid, die mit einem homosexuellen Mann verheiratet war

Mein Leben hatte ein Fundament, dachte ich zumindest. Da war der Glaube, den ich schon mit der Muttermilch aufgesogen hatte. Aber ich war nicht Mitläufer, sondern meinte es wirklich ernst. Ich liebte Gott, sein Wort, seine Gemeinde und war entsprechend meiner Gaben aktiv.

Und ich war glücklich verheiratet mit einem gläubigen Mann. Wir lebten mit unseren Kindern in einem frommen Dorf und galten in der Umgebung als Vorzeigefamilie. Alles bestens, dachte ich zumindest.

Dass es da mal Hinweise darauf gab, dass mein Mann irgendetwas mit Homosexualität zu tun haben könnte, das schob ich weit weg. Damals, als die Kinder noch klein waren, fand ich Telefonnummern, die darauf hindeuteten. Als ich ihn zur Rede stellte, versprach er mir, diese Kontakte abzubrechen. Und überhaupt hatte es bei der Hochzeit geheißen „... bis dass der Tod euch scheidet". Ich vertraute ihm. Sollte er damit Probleme haben, würde er dagegen kämpfen, denn er wusste ja auch, was die Bibel zu diesem Thema sagte. Ich nahm mir vor, es als Geheimnis für mich zu behalten und mit ins Grab zu nehmen. Also sprachen wir nicht darüber. Ich redete mir ein, dass alles gut ist und ruhte mich auf meinem Fundament aus. Das Leben war bequem in meiner heilen Welt.

Nur manchmal knirschte es im Fundament. Das nahm ich meist nachts wahr, wenn ich allein in meinem Bett lag und meine Gedanken nicht durch Aktivitäten unterdrücken konnte. Dann meldete sich mein Bauchgefühl und rebellierte gegen diesen Freund, der bei uns ein und aus ging und mit dem mein Mann viel unternahm, von dem ich mir gewünscht hätte, dass er es mit mir tut. Und dann schaltete sich mein Verstand ein und tadelte das Bauchgefühl: „So was darfst du nicht denken! Du tust ihnen Unrecht!"

Das ging lange Zeit gut, bis kurz vor unserem 20. Hochzeitstag. Durch eine versehentliche eindeutige Nachricht in unserem Familienchat bekam eines der Kinder was mit. Die Hoffnung, das Geheimnis mit ins Grab zu nehmen, war geplatzt. Und alle meine dunklen Ahnungen wurden auf einmal Realität. Ich fühlte mich wie jemand, der seelenruhig auf einer Eisscholle gelebt hat und auf einmal feststellen muss, dass die Scholle gebrochen ist und ins offene Meer hinaustreibt. Ja, ich hatte den Riss gesehen und ihn immer wieder erfolgreich zugedeckt. Aber jetzt war es passiert, und ich verlor die Kontrolle über mein Leben. Die Ehe, die ich als Fundament angesehen hatte, trug nicht mehr.

Meine erste Reaktion war Wut: auf meinen Mann, auf mich und auf Gott. Auf der anderen Seite liebte ich meinen Mann und traute ihm einfach nicht zu, was sich da gerade als Realität entpuppte. In meinem Herzen verurteilte ich meinen Mann für seine Homosexualität. So hatte ich es gelernt und nie hinterfragt. Aber konnte ich ihm seinen Glauben absprechen? Das war mir unmöglich, weil sein Glaube im Zusammenhang mit dem Outing so viel tiefer und lebendiger wurde. Warum aber lebte er dann in dieser Sünde? Warum kämpfte er nicht dagegen an? Ich verstand das alles nicht, wagte aber auch nicht, mit ihm darüber zu reden, sondern zermürbte mir wochenlang den Kopf.

Zunächst quälte mich auch die Schuldfrage. Selbst wenn mein Mann nicht an seiner Homosexualität schuld wäre, so doch daran, dass er mich mit dem Freund betrogen hatte. Ich fragte mich auch, was meine Schuld an der ganzen Sache war. Hatte ich meinem Mann nicht gegeben, was er brauchte, so dass er es sich anderswo holen musste? Es dauerte sehr lange, bis mir klar wurde, dass es hier nicht um Schuld geht, sondern um unveränderliche Fakten und daraus resultierende Lebensentwürfe.

Dann stellte ich natürlich die ganze Ehe in Frage. Hatte ich irgendetwas übersehen? Ich suchte nach Anzeichen dafür, dass wir besser gar nicht geheiratet hätten. Aber es gab keine. Zu dem Zeitpunkt unserer Hochzeit wusste mein Mann nicht, dass er schwul war. Seine christliche Prägung und Erziehung hatten ihm keine Auseinandersetzung mit sich selbst diesbezüglich erlaubt. Wir hatten geheiratet in der tiefen Überzeugung, dass Gott uns zusammengeführt hatte. Und doch sah das jetzt alles so falsch aus! Meinen Frieden darüber fand ich, als ich an unsere Kinder dachte. Hätten wir nicht geheiratet, hätte es genau diese Kinder nie gegeben. Aber so wie jeder Mensch, so sind auch unsere wunderbaren Kinder ein Gedanke Gottes und somit auch unsere Ehe ein Teil von Gottes Plan.

Meine Achterbahn von Gefühlen durchlebte ich mutterseelenallein. Ich hoffte irgendwie, dass ich mich wieder beruhigen könnte und dann alles so weiterginge wie bisher. Gleichzeitig war mir klar: Wenn ich jetzt weiter die Augen vor der Realität verschließe und schweige, mache ich mich an unseren Kindern schuldig. Aber was sollte ich tun? Ich wollte meinen Mann behalten, meine Familie, mein Leben, mein Ansehen. Aber gab es überhaupt eine Chance? Würde es sich lohnen zu kämpfen? Ich ahnte, dass es ein langer, anstrengender Kampf mit wenig Aussicht auf Erfolg werden würde. Aber einfach kapitulieren, das war nicht mein Ding. Ich würde mir mein Leben lang Vorwürfe machen, wenn ich es nicht zumindest versucht hätte. Also schrieb ich einen Brief an meinen Mann. Reden war mir unmöglich. In der Folge entspann sich ein Schriftwechsel über Monate, in dem wir uns öffneten und uns über Dinge austauschten, über die wir früher nie gesprochen hatten. Ich bemühte mich, meinen Mann zu verstehen und bekam eine Ahnung von dem, was er in den letzten Jahren durchgemacht hatte, auch von seiner inneren Entwicklung, die dazu führte, dass er sich von Gott mit seinem Schwulsein angenommen wusste. Ich lernte seine Homosexualität als seine persönliche Identität zu akzeptieren, die sich nach langer Unterdrückung einen Weg ins Leben bahnte. Es war in Sachen Offenheit das beste halbe Jahr unserer Ehe, und ich bekam Mut, dass wir unsere Beziehung retten könnten. Zumindest unsere Lebens- und Arbeitsgemeinschaft.

Für meinen Glauben wurde diese Zeit zur Zerreißprobe. Bis dahin hatte mein Glaubensfundament gehalten. Ich hatte für alles Antworten aus der Bibel und meinte zu wissen, was richtig und falsch ist. Beispielsweise, dass eine Ehe nicht scheitern darf. Und wenn doch, dann sind immer beide daran schuld. Oder dass Homosexualität Sünde ist und man sich dafür entscheidet. Aber jetzt, wo es mich unmittelbar betraf, kamen Zweifel auf. Zum ersten Mal in meinem Leben hörte ich auch andere Interpretationen der angeblich eindeutigen Bibelstellen. Das fand ich unerhört. Ich spüre heute noch die Angst, die mich überfiel: dass ich meinen Glauben verlieren könnte, wenn ich die Bibel und meine Glaubenssätze hinterfrage. Es war eine schreckliche Zwickmühle.

In meiner Verzweiflung begann ich, allen Ballast von meiner „Eisscholle" zu verbannen, in der Hoffnung, überhaupt zu überleben. Ich warf alle meine nicht hinterfragten Glaubenssätze über Bord. Das Einzige, was mir blieb, war ein Anker am seidenen Faden: dass der Gott, der mich geschaffen hat, mich liebt, mein Leben in der Hand hält und womöglich auch mit dieser Geschichte noch einen Plan hat. Alles andere habe ich hinterfragt und dabei entdeckt, dass das, was ich als Glauben angesehen hatte, nur übernommene Glaubenssätze waren, die mich zu ersticken drohten. Ich lernte Gott von einer anderen Seite kennen. Als einen unfassbaren Gott, der sich nicht auf Dogmen festlegen lässt; der sich nicht rechtfertigen muss und den ich nicht verteidigen muss; der sein Wesen in Christus offenbart hat, das so anders ist als das, was mir vermittelt worden war. Und ich schämte mich für meinen geistlichen Hochmut und alles, was ich damit angerichtet hatte. Mir war bewusst, dass es für liebe Mitchristen so aussehen mochte, als ob ich meinen Glauben verloren hätte. Das konnte ich verschmerzen. Ja, meinen naiven, unreflektierten Glauben hatte ich tatsächlich verloren. Stattdessen taten sich viel tiefere Dimensionen auf. Und ich hatte endlich wieder Luft zum Atmen! Mit dieser neuen Erkenntnis war es mir möglich, meinen Mann mit seinem Schwulsein zu akzeptieren, ohne ihm, mir oder Gott die Schuld daran zu geben. Es stärkte mein Vertrauen, dass ich nicht einem blinden Schicksal ausgeliefert war, sondern dass Gott diesen krummen Weg für uns beide an ein lebensbejahendes Ziel führen würde. Wie, das konnte ich mir nicht vorstellen.

*Die Glaubensentwicklung meines Mannes war ganz ähnlich, nur war er mir immer einen Schritt voraus. Wir diskutierten viel und befruchteten uns gegenseitig. Doch darüber, wie unsere gemeinsame Zukunft ganz praktisch aussehen könnte, sprachen wir nicht. Ich sehnte mich so nach einem Vorbild, einem anderen Ehepaar in dieser Konstellation, das es geschafft hatte, zusammenzubleiben und eine erfüllte Ehe zu führen. Ich fand keines. Mein Mann war bei „Zwischenraum e.V." (einer Selbsthilfeorganisation für LGBTI-plus-Christ*innen) gut vernetzt, aber ich fühlte mich einsam in meinem Käfig gefangen und hatte, abgesehen von meinem Mann, niemanden zum Reden. Ich hätte mir auch keine Hilfe holen können, ohne meinen Mann zu outen, und das wollte ich auf keinen Fall. Also kämpfte ich weiter für mich allein, bis mich eine gute Freundin ansprach, die* *schon lange ahnte, was bei uns los war. Es war eine riesige Befreiung, nach einem halben Jahr endlich mit jemandem reden zu können, der einen objektiveren Blick hatte und sich um mich sorgte.*

Lange war ich nicht bereit, den Traum von meiner heilen Familie aufzugeben. Wenn ich schon kein Vorbild fand, so wollte ich doch mir selbst und der Welt beweisen, dass es möglich ist, mit einem schwulen Partner eine gute Beziehung zu führen. Wenn es da nicht diesen Freund gegeben hätte! Es war ernüchternd, als mir bewusst wurde, dass nicht der Freund das Problem war, sondern ich. Gäbe es diesen Freund meines Mannes nicht, würde es über kurz oder lang einen anderen geben. Und ich konnte in der Tat meinem Mann nicht geben, was er brauchte. Ich konnte aber auch nicht von ihm erwarten, meinetwegen seine Bedürfnisse lebenslang zu unterdrücken. Hätte er mich mit einer anderen Frau betrogen, dann hätte ich zumindest noch dafür kämpfen können, ihn zurückzugewinnen. So aber war jeglicher Kampf von vornherein aussichtslos. Also: wenn einer gehen müsste, dann ich. Es sei denn, ich wollte eine Art offene Beziehung leben. Aber das widersprach all meinen Wertvorstellungen von einer Ehe.

Erst nach neun Monaten outete sich mein Mann bei den Kindern und seiner Mutter. Bis dahin hatte ich noch die Hoffnung, dass wir die Familie zusammenhalten könnten. Ich fühlte mich für alles verantwortlich und bestand darauf, dass die Kinder es wissen müssten. Sie waren in einem Alter, in dem sie selbst Beziehungen begannen. Blieben sie in der Annahme, dass die Ehe ihrer Eltern „normal“ sei, könnte das für ihre Beziehungen fatale Folgen haben. Nach dem Outing blieb es an mir hängen, die Kinder aufzufangen und meine Schwiegermutter über Homosexualität aufzuklären, sodass sie ihren Sohn akzeptieren konnte. Ich kämpfte für die Akzeptanz meines Mannes. Dafür, dass die Familie weiter funktionierte und die Fassade nach außen hin erhalten blieb.

Zu der Zeit kamen bei mir erste Zweifel auf: Kann es sein, dass wir gar nicht dasselbe Ziel haben? Auf die Frage, wie unser gemeinsamer Weg aussehen sollte, bekam ich keine Antwort. Überhaupt fühlte ich mich immer weniger verstanden und unterstützt. Ich stand unter einem gewaltigen Druck, weil mir klar war, dass alles davon abhängt, ob ich dieses ganze Spiel mitmache. Oder um bei dem Bild der Eisscholle zu bleiben: Meine Scholle erwies sich als Pulverfass, von dem ich nicht wusste, wann es explodiert. Wie lange würde ich das Schweigen und Verstecken in dem Lügengebäude aushalten?

Nach weiteren drei Monaten ging dann nichts mehr. Ich hatte mich selbst verloren. Meine Kraft war aufgebraucht, und es kam keine neue nach. Die Beziehung zu meinem Mann wurde eisiger. Mir fehlte jegliche Freude und Kreativität, die doch früher mein Markenzeichen war. Meine Arbeit zog ich mit letzter Kraft mehr schlecht als recht durch. Der Haushalt wurde zur Qual.

Jeder Gedanke schmerzte. Dazu kamen Herzrhythmusstörungen, Appetitlosigkeit, Schlafstörungen und ich war ständig am Heulen. Alles Anzeichen dafür, dass ich in einer tiefen Depression steckte. Ich merkte: Wenn ich mich jetzt nicht endlich selbst ernst nehme, komme ich unter die Räder.

Ich ging zum Arzt und zur Psychotherapie. Von der Therapeutin fühlte ich mich nicht verstanden. Sie war wohl auch überfordert. Aber sie hat dennoch etwas Wichtiges angestoßen. Ich fing an, mir Fragen zu stellen, die ich bis dahin nie zugelassen hatte. Erstmals überlegte ich ernsthaft, mich von meinem Mann zu trennen. Aber mir fehlte die Kraft. Ich hoffte, dass sich der Bibelvers bewahrheiten würde: „Der HERR wird für euch streiten, und ihr werdet stille sein." (Luther, rev. 84, 2. Mose 14,14) Vielleicht würde mein Mann ausziehen oder mich rauswerfen. Oder ich würde vom Blitz erschlagen. Oder, oder, oder ... Ich wollte keine Entscheidungen treffen. Aber sie wurden mir nicht abgenommen. Ich musste selbst aktiv werden. Das war etwas, das ich nie gelernt hatte. Meine Rolle als untergeordnete Ehefrau hatte ich mit Überzeugung gelebt, und es widerstrebte mir zutiefst, daraus auszubrechen. Aber ich hatte keine Alternative, wenn ich nicht als psychisches Wrack enden wollte.

Ich weihte meine Geschwister ein. Mein „Outing" – oder besser gesagt „Co-Outing" – war wie eine Bankrotterklärung. Ich schämte mich für mich und für meinen

Mann und für unsere aufgebauten Fassaden. Es kam für meine Familie nicht überraschend. Da hatte es bereits länger schon Ahnungen gegeben, aber keiner hatte sie mir gegenüber geäußert. (Ein Phänomen übrigens, dem ich auch unter Freunden öfters begegnete.) Unvermeidbar hatte ich aber auch meinen Mann in meiner Familie geoutet. Es musste wohl den Eindruck von Fahnenflucht gemacht haben, denn von dem Moment an wurde ich für meinen Mann zum Feind. Es gab kein „wir" mehr. Ich hielt mich nicht mehr an die Spielregeln meines Mannes. Das macht mich unberechenbar und erschwerte die Kontrolle über mich. Dazu hatte ich meine Familie im Rückhalt, die meine Position stärkte und mir den Halt gab, den ich bei meinem Mann nicht mehr fand. Das erwies sich für mich als eine Ressource, deren Wert mir vorher nicht bewusst war.

Ein weiterer aktiver Schritt war der Kontakt zu „Tangiert", einer säkularen Selbsthilfegruppe für Partnerinnen schwuler Männer. Dort lernte ich andere Frauen mit gleichem Schicksal kennen. Ich war nicht mehr alleine und wurde verstanden. Und mir begegneten Frauen, die ihr Schicksal überstanden hatten und wieder ein lebenswertes Leben führten. Das machte mir Mut. Außerdem kam ich in Kontakt mit Dagmar Raimund, einer ebenfalls Betroffenen mit evangelikalen Wurzeln, die es zu ihrem Beruf gemacht hat, Frauen wie mich zu coachen (inteama.com). Sie gab mir ganz praktische Hilfestellung, um aus meiner Opferrolle herauszukommen und zum „Täter" zu werden. Anstatt weiter als Spielfigur meines Mannes zu fungieren, lernte ich, mein Leben selbst in die Hand zu nehmen. Anstatt die Verantwortung für das Schicksal der ganzen Familie allein auf mich zu nehmen, übernahm ich die Verantwortung für mein eigenes Leben, auch wenn ich mir dabei sehr egoistisch vorkam.

Der Begriff des Scheiterns bekam für mich eine neue Bedeutung. Zum einen gestand ich mir ein, dass unsere Ehe ja längst gescheitert war, auch wenn nach außen hin noch alles perfekt aussah. Zum anderen kamen mir die Jünger Jesu in den Sinn. Wie werden die sich gefühlt haben, als Jesus am Kreuz hingerichtet wurde? All ihre Hoffnung auf das messianische Reich war dahin. Ihr Freund und Lehrer, der so vielversprechend gewirkt und große Reden geschwungen hatte, endete als Verbrecher am Kreuz. Was für eine Schande! Welch klägliches Scheitern! Keiner von ihnen wird zu dem Zeitpunkt wohl damit gerechnet haben, dass sich drei Tage später die größte Niederlage in den größten Sieg der Menschheitsgeschichte verwandeln würde. Das Scheitern war die Voraussetzung für die kraftvolle Auferstehung. Auch mein gescheiterter Lebensentwurf würde mit Gottes Hilfe zu etwas Besserem führen. Das Scheitern verlor seine Bedrohung.

Es dauerte noch ein Jahr, bis ich auszog. Ich wollte durchhalten, bis das jüngste Kind seinen Schulabschluss hatte. Im Nachhinein denke ich, es wäre für alle Beteiligten besser gewesen, direkt zu gehen. Aber abgesehen von den „Federn", die wir in dieser Zeit gelassen haben, verhalf mir die Zeit, in Würde zu gehen. Da mein Mann in den sozialen Medien recht offen mit seiner Homosexualität umging, sorgte die dörfliche Gerüchteküche ohne mein Dazutun dafür, dass fast jeder den Grund für unsere Trennung wusste. Es war für mich eine ungemeine Erleichterung, dass mich viele Freunde und Bekannte ansprachen. Ich verspürte viel Verständnis. Im Gegenzug kämpfte ich aus meiner Position heraus aber auch um das Verständnis für meinen Mann.

Ich zog wieder in meine alte Heimat zu meiner betagten Mutter, die meine Hilfe gut gebrauchen konnte. Es war ein großes Wagnis, weil ich beruflich bei null anfangen musste. Doch ich erlebte Wunder über Wunder, die mir zeigten, dass ein großer Gott mir den Weg bis ins Kleinste freischaufelte. Der erste Schritt war der schwerste, alle anderen wurden leichter. Allerdings musste ich jeden einzelnen Schritt, jede Entscheidung selbst aktiv in die Hand nehmen. Das hat mich stärker gemacht. Keine meiner Entscheidungen habe ich bereut. Ich bin inzwischen in meinem neuen Leben angekommen – mit einer räumlichen Distanz von 350 Kilometern, geschieden und ohne Kontakt zu meinem Ex-Mann. Meinen Traum, in ihm einen Freund zu behalten, musste ich begraben.

Das Erlebte hat in mir seine Spuren hinterlassen. Jetzt, wo ich versuche, die vergangenen Jahre auf ein paar Buchseiten zusammenzufassen, kommen viele Emotionen wieder hoch. Überdeutlich spüre ich wieder den

Schmerz der alten Narben. Diese Narben werden bleiben. Sie gehören zu meinem Leben. Doch ohne meine Geschichte wäre ich nicht die Frau, die ich heute bin. Und so schwer es auch war, ich möchte diese Entwicklung für mich selbst nicht missen, weder für meine Persönlichkeit noch für meinen Glauben.

Und jetzt, zweieinhalb Jahre nach der Trennung? Ist damit die Geschichte für mich abgeschlossen? Nein. Als meine persönliche heile Welt in Schutt und Asche fiel, dachte ich zunächst, ich wäre mit diesem Problem ganz alleine auf der Welt. Na ja, zumindest in der konservativen christlichen Welt konnte es so was nicht geben. Inzwischen weiß ich es besser. Die Tabuisierung der Homosexualität hat dazu geführt, dass viele Ehen zwischen homo- und heterosexuellen Menschen geschlossen wurden und nach wie vor geschlossen werden. Wie viel Enttäuschung und unerfülltes Leben ist dadurch vorprogrammiert! Ich gehe mit meiner Geschichte offen um, in der Hoffnung, anderen in derselben Lage Mut zu machen, aus ihrem Versteck herauszukommen und sich Hilfe zu holen. Und eines Tages, so hoffe ich, wird es keine Frauen wie mich mehr geben, weil auch die christliche Welt gelernt hat, Menschen, die mit ihrer sexuellen Orientierung nicht in ihr Gedankenkonstrukt passen, voll und ganz anzunehmen.

Sigrid hat einen besonderen Weg beschritten, auf dem sie nicht nur selber gehen, sondern mit anderen ins

Gespräch kommen möchte. Sie ist offen für Menschen, die auch auf der Suche nach einem Umgang mit ähnlichen Lebenssituationen sind. Sie finden Sie im Internet unter nische.eu

6.2. Ein Beitrag von Ulla, aus Sicht einer Mutter

Unsere Tochter Janet wird als drittes Mädchen in unsere Familie hineingeboren und hat so, weil nach ihr noch ein Junge geboren wird, eine schwierige Stellung in der Geschwisterkonstellation. Als Kind gibt sie sich manchmal auffallend wild und rebellisch, aber auch oft fröhlich und sorglos. Irgendwie ist sie einerseits sehr sensibel und drückt ihre Empfindungen schon als kleines Kind sprachlich gut aus, andererseits ist sie unkonzentriert und zappelig. Ihre Gefühle kann sie oft nicht zärtlich zeigen, sondern nur mit verstärktem Druck, das heißt eine Umarmung gleicht eher einem Klammern, aus dem man sich manchmal befreien muss, weil man das Gefühl hat, dass man erdrückt wird. Ich als Mutter denke oft, dass ich ihren Ansprüchen nicht gerecht werden kann und plage mich nicht selten mit einem schlechten Gewissen ihr gegenüber, weil sie sehr fordernd auftritt. Sie hat schon als kleines Kind oft ältere Freundinnen, mit denen sie gerne spielt. Mit 12 Jahren trifft sie eine bewusste Entscheidung für Jesus und lässt sich in unserer Evangelisch-Freikirchlichen Gemeinde taufen. In der Pubertät wirkt sie zunehmend unzufriedener und trau-

rig, beginnt sich die Wimpern zu zupfen (Symptom einer Trichotillomanie) und sucht den Abstand zur Familie, indem sie nach ihrem Schulabschluss ein Jahr nach Australien fährt. Sie liebt Tiere, hasst aber ihren Beruf als tiermedizinische Fachangestellte, in den wir sie hineingedrängt haben, weil sie sich nicht entscheiden konnte, welchen Beruf sie ergreifen sollte. Sie träumt davon, Schriftstellerin zu werden, beginnt ein Studium, bricht es wieder ab. Sie beginnt in ihrem Beruf zu arbeiten, fühlt sich dort jedoch überfordert, arbeitet dann in einem Brauhaus im Office-Bereich.

Im April 2017, Janet ist nun 25 Jahre alt, trommelt sie die ganze Familie zu einem Osterfrühstück zusammen, um ihr „Coming-out" zu geben.

Wie fühlt sich so eine Nachricht für die Eltern an, die ein Leben lang christlich geprägt in einer persönlichen Beziehung zu Jesus stehen? Was geht in so einem Moment in ihnen vor?

Was bedeutet es für die Geschwister, den Rest der Familie? Wie geht man mit so einer Nachricht um, wie verarbeitet man sie und wie lernt man, mit ihr zu leben? – Sicherlich ganz unterschiedlich.

Ich als Janets Mutter möchte davon berichten, wie ich diese Situation durchlebt und empfunden habe.

Mein erster Gedanke, den ich Janet gegenüber ausspreche, als sie sich outet, ist: „Das ist doch wieder nur eine Flucht, die du antrittst, weil du mit dir selbst nicht klarkommst." Ich fühle mich, als hätte mir jemand ins Ge-

sicht geschlagen, ich verstehe gar nichts mehr!! Was haben wir falsch gemacht? Es fühlt sich alles unwirklich an. Wir haben nach dem Osterfrühstück einen circa einstündigen Heimweg. Diesen erlebe ich wie in Trance. Wir sprechen wenig, und als wir nach Hause kommen, und gleich darauf unsere besten Freunde vor der Haustüre stehen und mir bewusst wird, dass sie schon längst Bescheid wussten, kann ich nur noch heulen. Sie trösten mich und geben mir in diesem Moment Halt.

Ich will das nicht! Schließlich habe ich meine Meinung über die Homosexualität längst gebildet und empfinde sie als Sünde und als nicht normal, außerdem als unästhetisch. Punkt! Menschen, die so empfinden, haben entweder eine schwere Kindheit gehabt, ein sozial schwaches Umfeld oder tun es, weil sie keine Moral haben und ihnen alles egal ist. Aber doch nicht unser Kind!!!!

Wir haben sie nicht anders erzogen als unsere anderen drei Kids, führen eine glückliche Ehe und haben ein schönes friedvolles Zuhause, haben uns jahrzehntelang in unserer Evangelisch-Freikirchlichen Gemeinde engagiert und die Kids mit einbezogen und dabei das Gefühl gehabt, dass sie sich dort wohlfühlten. Und jetzt so etwas!! Meine Hoffnung ist, dass ich mit meiner Aussage recht behalte: Janet flieht vor sich selbst. Es ist nur eine Masche, um uns eins auszuwischen oder weil der Therapeut, den sie wegen ihrer Trichotillomanie in Anspruch nahm, ihr irgendeinen Floh ins Ohr gesetzt hat.

Die Tage danach vergehen wie im Flug. Da wir mit Familie und Gemeinde genug eingespannt sind, kommen wir nicht wirklich zum Nachdenken. Es legt sich eine Schwere auf mein Herz und beeinträchtigt mich im Tagesablauf und in der Arbeit. Ich muss viel weinen, weil ich die ganze Situation nicht einordnen kann. In der Gemeinde werde ich unsicher. Wir wissen, dass Janet ein Gespräch mit der Gemeindeleitung hatte. Wer weiß denn nun Bescheid und wer nicht? Wie sollen wir uns verhalten? Wenn wir allen davon erzählen, ist sie dann nicht gleich abgestempelt? Wenn wir nichts erzählen, wird dann hintenrum geredet? Fragen über Fragen. Ich habe das Gefühl, dass ich ein seelsorgerliches Gespräch brauche.

Der Umgang mit unserer Tochter bleibt normal. Es gibt Berührungspunkte, aber nicht so sehr viele, da sie ja nicht mehr zu Hause wohnt. Unsere besten Freunde suchen mit uns das Gespräch und das ist gut so. Sonst können wir noch mit keinem über die Situation sprechen. Das belastet.

Das seelsorgerliche Gespräch, circa 1,5 Monate nach Janets Coming-out, tut mir gut.

Mir wird erklärt, dass Janet sich sehr viel Sorgen um uns macht und nicht möchte, dass es uns schlecht geht. Langsam bekomme ich eine Vorstellung davon, wie mein Kind gelitten haben muss. Ich fange an zu begreifen, dass sie zunächst selbst nicht verstehen konnte, was da mit ihr los war. Als sie es dann begriffen hat, hat sie es 10 Jahre nicht übers Herz gebracht, es uns zu erzählen, weil sie wusste, wie wir dazu stehen. Wie konnte es zu so einem Vertrauensverlust kommen?

Wir bekommen die Anregung, einige ungeklärte Dinge mit Janet zu regeln und tun das auch recht zügig, was Tränen verursacht, aber gut tut. Wir nähern uns an, beginnen unsere Positionen gegenseitig zu verstehen, merken, dass wir uns lieben und ihre sexuelle Neigung dabei eine untergeordnete Rolle spielt. Der Schrecken wird langsam kleiner.

Nun beginnt mein Glaubensfundament zu wackeln. Ich habe immer an Gottes Wort geglaubt und es nicht großartig in Frage gestellt. Nun, nachdem ich mittlerweile viel über das Thema Homosexualität gelesen habe, frage ich mich, warum bestimmte Bibelstellen denn so unterschiedlich ausgelegt werden. Das gilt nicht nur für dieses Thema. Und es geht weiter. Wie ist die Bibel entstanden? Inwieweit ist sie wirklich Gottes Wort? Was ist wirklich richtig, was ist wirklich wichtig, welche Themen, Glaubenserkenntnisse, Vorschriften? Ich mache mich auf den Weg und suche Antworten. Mein tief verwurzeltes Vertrauen in Jesus sagt mir, dass ich das darf und gibt mir den Weg frei.

1,5 Wochen nach dem seelsorgerlichen Gespräch haben wir den Mut, das erste Mal über Janets Homosexualität zu sprechen. Es passiert in unserem Hauskreis und alle Personen, die an diesem Abend da sind, gehören nicht zur Gemeinde. Jesus hat diesen Abend gut vorbereitet:

Das Thema war: „Wie gehen wir – auch in der Gemeinde – mit Problemen um?“ Unsere Nachricht wird sehr verständnisvoll und liebevoll aufgenommen und unsere Vorstellung, dass Janet eventuell in Sünde lebt, wenn sie ihrer Neigung nachgeht, nicht geteilt.

Mir wird klar, dass ich Zeit brauche, um die Dinge neu zu überdenken und gebe mein Amt als Diakonin für Kinder- und Jugendarbeit ab und cancele alle meine Aufgaben, indem ich ein Sabbatjahr einlege. Mein Mann zieht mit, und so bekommen wir ab Sommer 2017 etwas mehr Zeit für uns und unser „Problem“.

Ein toller Urlaub in Norwegen mit einem Wohnmobil schließt sich an. Freies Land, tolle Natur, Balsam für die Seele. Ich merke, dass die Krise, die Janets Outing in mir ausgelöst hat, gut für mich ist. Ich merke, dass Gott und Jesus mich nicht loslassen, auch wenn ich sie hinterfrage. Ich nehme mir das Buch „Die Hütte“ nochmal vor und erlebe Gottes Zusage an uns Menschen, dass er immer für uns da ist, seine Liebe und Gnade über allen menschgemachten Institutionen steht, auch über den Institutionen Kirche und Gemeinde, die mir momentan so viel Bauchweh bereiten. Es macht sich Hoffnung breit, dass ich aus dieser Phase gestärkt rausgehe. In diesem Urlaub erfahren wir, dass Janet eine Freundin hat. Ich bin traurig, weil ich mich nicht über das Glück meines Kindes freuen kann. Es schwingt immer noch die Sorge mit, dass sie in „diesen Kreisen“ irgendwie abdrif-

ten könnte. Ist es so? Oder ist es nur, weil sie etwas ganz anderes tut, als wir gerne hätten? Schwierig!

Am Ende unseres Urlaubs fahren wir noch zu Freunden, und es kommt völlig unerwartet das Gespräch auf Homosexualität, weil sie auch Betroffene sind. Es tut soooo gut, mit ihnen zu reden, zumal sie sich auch erst sehr lange an ihre Situation gewöhnen mussten. Ich heule den ganzen Abend, fühle mich aber sehr angenommen und verstanden.

Nach dem Urlaub macht sich plötzlich eine große Sehnsucht nach meinem Kind in mir breit. Ich bin beim Leeren meines E-Mail-Postfaches auf einen Brief gestoßen, den Janet unserer Familie 2015 geschrieben hat. Sie beschreibt dort ihre Probleme mit ihrer Erkrankung „Trichotillomanie und Borderline". Plötzlich erfühle ich, wie es ihr wohl die ganzen Jahre ergangen sein muss, als sie anders sein wollte, als sie war. Ich merke, dass sie nun, da sie eine Freundin hat, den Kontakt zu uns nicht mehr so intensiv hält. Deshalb ergreife ich die Initiative und lade sie mit ihrer Freundin ein. Sie sagt prompt für den nächsten Tag zu. Puh, das kommt mir dann auch fast zu schnell, ihre Zusage, aber besser so, als alles hinauszuzögern.

Wir lernen ein nettes Mädchen kennen und sehen daneben eine glückliche Janet. Langsam empfinde ich sogar Freude, weil ich mein Kind glücklich sehe. Ist das falsch?? Die beiden haben gemeinsame Interessen und passen gut zusammen. Danach ist die Funkstille vorbei und Janet nimmt wieder Kontakt mit uns auf und verbringt Zeit mit uns. Auch bemüht sie sich um ein Gespräch mit der Gemeindeleitung, bekommt dort jedoch gesagt, dass sie zwar herzlich willkommen ist, auch mit ihrer Partnerin, aber dass gelebte Homosexualität Sünde wäre und sie deshalb in Sünde leben würde. Man wolle auch nicht, dass man es ihr ansieht, dass sie eine Partnerschaft lebt. Janet ist über diese Aussage empört und denkt über ihren Austritt nach. Ich bewege in meinem Herzen, ein Statement vor der Gemeinde zu geben, wenn Janet tatsächlich austreten sollte. Ich bin gewiss, dass alles zu seiner Zeit richtig laufen wird.

Ich beginne, nach Büchern zum Thema Homosexualität und Christentum zu suchen, und stoße auf das Buch „Die Jesus-Revolution", in dem ein älterer und ein jüngerer Christ ihre Statements zu bestimmtem christlichen Themen im Zwiegespräch erläutern und ich bin sehr überrascht, dass beide die Homosexualität keineswegs verurteilen, sondern dazu aufrufen, Menschen, die anders empfinden, besonders zu lieben und sie genauso in die Gemeinschaft aufzunehmen und ihnen ihre Andersartigkeit nicht als Sünde anzulasten. Gnädiger Umgang miteinander! Jesus hat nie ein Wort an Homosexuelle gewandt, wohl aber an Pharisäer und Gesetzeslehrer. Das hilft mir, meine eingefahrene Sicht, meine Meinung, die ich mir im Laufe meiner Christenjahre gebildet habe, weil ich es nicht anders gelernt und hinterfragt habe, zu überdenken.

Wir fahren mit Freunden für ein Wochenende weg und können dort von Janet erzählen und werden verstanden. Es wird jedes Mal ein Stückchen leichter, davon zu reden und Freunden und Verwandten davon zu erzählen. In der Gemeinde gibt es auch eine weitere Person, die bewusst immer wieder das Gespräch mit uns sucht und auf unserer Seite ist und Janet und ihre Freundin zu sich einlädt, um ihr zu zeigen, dass sie willkommen ist. Auch Janets Tauf-Patin unterstützt sie liebevoll in Gesprächen und Kontakten. Für Janet ist die Gemeinde ein Stück Familie, die sie nicht verlieren möchte.

Im November fahren wir zur Evangelisch-Freikirchlichen Akademie nach Elstal. Dort wird ein Seminar für „Angehörige homosexueller Menschen" angeboten. Wir sind froh und dankbar, dass wir diesen Termin wahrnehmen können, denn in den letzten zwei Monaten haben uns unsere eigenen körperlichen „Wehwehchen" in Atem gehalten. Kein Wunder, der emotionale Stress fordert seinen Tribut. Hier erfahren wir auch von anderen Eltern die Geschichten ihrer Kinder, die sich als homosexuell oder transgender geoutet haben. Es ist sehr emotional und wir sind erschrocken darüber, wie viel Leid vorhanden ist und wie lange Eltern nicht über ihr Problem reden konnten, besonders in den Gemeinden nicht. Da sind wir mit unserem halben Jahr seit Janets Coming-out noch die „frischesten Angehörigen". Das Seminar ist gut und liebevoll gestaltet, obwohl es das erste ist, das zu diesem Thema angeboten wird. Es wird von einem homosexuellen Paar mitgeleitet und wir lernen die Pas-

torin der Gemeinde Berlin-Schöneberg kennen. In dieser Gemeinde finden Homosexuelle bewusst Platz und sind vollwertige Mitglieder. Ich lerne in diesem Seminar, dass meine harte Meinung bei Janets Outing sie wohl sehr verletzt hat und in mir reift der Entschluss, mich bei ihr zu entschuldigen. Das möchte ich in dem Kreis tun, in dem sie sich auch geoutet hat. – Weihnachten, wenn wir wieder alle zusammen sind. Verstanden und gesegnet fahren wir als Beschenkte und mit neuer Sicht auf das Thema nach Hause.

Wie vorgenommen, entschuldige ich mich Weihnachten im Kreise der Familie bei Janet für mein schroffes Verhalten bei ihrem Outing und sage ihr, dass wir hinter ihr stehen und unsere Sicht hinterfragt und geändert haben. Das findet sowohl bei Janet guten Anklang als auch bei unseren anderen Töchtern und es entsteht in den nächsten Tagen auch ein gutes Gespräch zu diesem Thema mit unserem Sohn. Denn auch die Geschwister setzen sich mit dem Thema auseinander, wenn auch nicht so intensiv und konsequent wie wir, weil sie durch die räumliche Entfernung voneinander das Thema nicht ständig präsent haben.

In der folgenden Zeit beginnt ein Heilungsprozess in mir. Es wird immer leichter, über das Thema zu reden und sich zu outen, auch wenn es teilweise immer noch mit Tränen verbunden ist. Wenn andere abfällig über Homosexuelle reden, tut es mir weh und das ist ein Zeichen, dass sich meine Meinung um 180 Grad gedreht hat. Mein Glaubensleben erfährt weiterhin ein Auf und Ab und ich beschäftige mich mit vielen biblischen Themen, lese Bücher und informiere mich. Ich erkenne für mich, dass ich ein schwarz-weiß Denken, wie ich es bisher hatte, nicht mehr möchte, bekomme dadurch ein weicheres Herz und kann vielen Menschen und Situationen barmherziger entgegentreten. Das empfinde ich als Bereicherung für mein (Glaubens)Leben und bin deshalb sehr dankbar, dass diese Krise mich so weit gebracht hat. In der Familie bleiben wir weiterhin im Gespräch und reden offen und ehrlich über unsere Erkenntnisse, Unsicherheiten und Fragen zum Thema Homosexualität. Das verbindet und stärkt uns.

In der darauffolgenden Zeit kann Janet in der Gemeindeleitung leider nur wenig offene Ohren für ihr Problem finden und entschließt sich deshalb, aus der Gemeinde auszutreten. Das tut uns weh, denn wir denken, dass es nun schwer für sie sein wird, eine neue geistliche Heimat zu finden. Wir wissen aber auch, dass sie ihren Glauben nicht verloren hat und sind sehr dankbar dafür. Was wir jetzt noch für sie tun können, versuchen wir in der Gemeinde in Bewegung zu setzen und bitten um eine Auseinandersetzung mit dem Thema. Es wird ein Seminar angesetzt. Weil wir möchten, dass sich viele daran beteiligen, laden wir im Gottesdienst dazu ein, indem wir uns vor der Gemeinde als Eltern einer homosexuellen Tochter outen. Was ich schon vor zwei Jahren in meinem Herzen bewegt hatte – nämlich ein Statement zu geben – hat Jesus gut vorbereitet. Mit klopfen-

dem Herzen, brüchiger Stimme und „hoffentlich den richtigen Worten“ versuchen wir, das Interesse der Gemeinde für dieses Seminar zu wecken, weil wir selbst Betroffene sind. Wir stellen fest, dass es sogar nach 2,5 Jahren, die mittlerweile vergangen sind, Gemeindemitglieder gibt, die von Janets Homosexualität noch nichts wissen.

Das Seminar findet statt und die Beteiligung ist groß. Der Referent geht sehr sensibel und weise mit dem Thema um. Die Seminarteilnehmer zeigen sich interessiert und sind bereit, dieses Tabuthema neu zu überdenken.

Was wir uns nun für die nächste Zeit wünschen, ist ein offenes Gespräch über dieses Thema und die Bereitschaft, einander zuzuhören, auch wenn wir unterschiedlicher Meinung sind. Wir wünschen uns, dass unsere Gemeinde, die für uns wie eine Familie ist, liebevollen Umgang mit homosexuellen Menschen lernt und ihnen ein Zuhause bieten kann, ohne Wenn und Aber. Wir wissen, dass das ein langer Prozess werden kann und sind bereit, ihn mitzugehen. Veränderung braucht Zeit, das haben wir an uns selbst erfahren.

Bei allem, was ich gelesen habe zu diesem Thema, sind mir die Worte von Billy Graham im Gedächtnis geblieben: „Die Aufgabe des Heiligen Geistes ist es zu überführen, die Aufgabe Gottes ist es zu urteilen, meine Aufgabe ist es zu lieben.“ (8/Andrew Marin/ Love is an Orientation, S. 108)

Mit diesen Worten gehe ich getrost in die Zukunft und freue mich, dass ich meine besonders liebenswerte homosexuelle Tochter so annehmen kann, wie sie ist, und noch viele Herausforderungen, vor die sie mich vielleicht stellen wird, mit dieser Liebe meistern werde.

Übrigens: Der Name Janet lässt sich ableiten von Johanna und das bedeutet: Gott ist gnädig!! Halleluja!!

6.3. Ein Interview mit Maria (Name geändert)

Könntest du dem Leser zuerst ein wenig über deine Familie berichten? Bist du verheiratet? Habt ihr mehrere Kinder?

Ja, ich bin (im nächsten Jahr) 50 Jahre verheiratet, und mein Mann und ich sind Eltern von vier Kindern, zwei Söhnen und zwei Töchtern. Wir kommen beide aus Familien, in denen Gemeinde und Glaube eine große Rolle spielten. Schon früh sind wir mit der Bibel und all ihren Aussagen in Berührung gekommen und haben unseren gemeinsamen Lebensweg (wir haben jung geheiratet) unter Gottes Segen begonnen. Er hat unser Leben durch Höhen und Tiefen begleitet, das wird uns immer bewusster, je älter wir werden.

Seit wann weißt du von der Homosexualität deines Sohnes?

Seit ca. 30 Jahren.

Kannst du den Rahmen beschreiben, in dem das Outing deines Sohnes stattfand? Wer war dabei? War es ein geplantes Gespräch?

Nein, es war kein geplantes Gespräch. Er informierte meinen Mann und mich eines Abends (im Alter von 15 Jahren), dass er schwul sei, wollte aber jetzt nicht darüber reden und ging sofort in sein Zimmer.

Wie sah deine erste Reaktion aus? Was geschah in und mit dir, als du in der darauffolgenden Zeit die Tatsache verarbeitetest?

Ich war wie erschlagen und dachte, die Welt bleibt stehen. Nie hatte ich vermutet, dass eines unserer Kinder homosexuell empfinden könnte, ich war dadurch überhaupt nicht auf diese Situation vorbereitet. Alle möglichen Gedanken schossen mir durch den Kopf: Hat ihm jemand Gewalt angetan? Bildet er sich seine Neigung nur ein? Wie kam er überhaupt zu diesen Empfindungen? Ich wusste nicht, in welche Richtung ich denken sollte, die Situation war so unwirklich. Mein Mann und ich beschlossen noch an diesem Abend, ihm einen Zettel mit der Aufschrift „Wir lieben dich trotzdem" unter seine Schlafzimmertür zu schieben. In dieser Nacht habe ich wenig bis (gefühlt) gar nicht geschlafen. Mein Herz fing an zu rasen, ebenso meine Gedanken. Auch in der nächsten Zeit spürte ich dieses Herzrasen, ich konsultierte meine Hausärztin. Das EKG zeigte Zwischenschläge, die nicht in den Rhythmus passten. Ich fühlte mich schwach und elend, wurde ins Krankenhaus eingeliefert. Auch dort wurden Fehlschläge diagnostiziert. Da ich sonst gesund war, konnten die Ärzte sich die Herkunft dieser plötzlich auftretenden ungewöhnlichen Herztätigkeit nicht erklären. Die Überweisung zu einem Psychiater folgte. Wieder Zuhause hatte ich viele Gespräche mit diesem Arzt und mein Herz beruhigte sich, auch ohne Medikamente.

Was hat sich bei dir verändert, denn du stehst ja heute an einem anderen Punkt?

Verändert habe ich meine Einstellung zu den Gedanken, dass Homosexualität etwas Erworbenes sei und sie Gott (wie in manchen Bibelstellen die dortige Herabwürdigung, die Menschen anderen Menschen angetan haben) ein „Gräuel" ist. Mein Mann und ich haben Seminare besucht, mit vertrauenswürdigen Menschen gesprochen und noch viele Gespräche mit unserem Sohn gehabt.

Wie hat euer Umfeld (Familie, Gemeinde, Freunde) reagiert, wenn ihr euch als Angehörige geoutet habt?

Natürlich war es für mich sehr schwer, offen über die Homosexualität meines Sohnes zu sprechen. Kam das Thema aber in meinem Umfeld zur Sprache, entstand ein „ohrenbetäubendes Schweigen". Dieses Verhalten hat sich nur wenig geändert. Unsere drei anderen (heterosexuellen) Kinder haben mit der sexuellen Orientie-

rung ihres Bruders kein Problem, ein großer Teil der Gemeinde schon.

Welche Reaktionen von Menschen erlebst du als hilfreich? Was verletzt dich, macht vielleicht Angst?

Als hilfreich empfinde ich, wenn jemand sich überhaupt mit diesem Thema auseinandersetzt, sich informiert und mit mir ins Gespräch kommen w i l l. Es verletzt, wenn ich fühle, dass Freunde, Verwandte und Menschen in der Gemeinde überhaupt nicht darüber reden w o l l e n! Nicht Angst, eher Enttäuschung empfinde ich, wenn Menschen genau w i s s e n, was richtig, falsch oder „bibeltreu" ist und wie Gott darüber denkt, ohne sich je intensiv mit diesem Thema befasst zu haben.

Welchen Umgang mit homosexuellen Menschen würdest du dir in der Gemeinde wünschen?

Einen offenen Umgang miteinander, ein Willkommen aller Menschen in der Gemeinde und Wertschätzung auch anders empfindenden Personen gegenüber.

Euer Sohn ist mittlerweile glücklich verheiratet. Wenn du heute auf sein Leben schaust, was erfüllt dich mit Freude?

Ja, er hat seinen „Mann" gefunden. Gott hat es mir geschenkt, dass ich unseren Schwiegersohn nicht nur akzeptieren, sondern auch gernhaben kann. Ich freue mich, dass dieser liebenswerte Mensch nun zu unserer Familie gehört. Ich freue mich auch, dass unser Sohn nicht alleine ist und ein Gegenüber hat.

Was würdest du anderen Eltern, deren Kinder sich outen, mit auf den Weg geben wollen?

Nehmt eure Kinder (von Anfang an) so an, wie sie sind. Macht ihnen kein schlechtes Gewissen. Helft ihnen, mit ihrer Homosexualität zu leben und sich deswegen nicht verstecken zu müssen. Dann bleibt euch ein langer, schwerer Weg zurück zu eurem Kind erspart. Scheut euch nicht, therapeutische Hilfe in Anspruch zu nehmen. Nehmt Kontakt mit betroffenen Eltern auf, besucht entsprechende Seminare und sucht Gespräche mit wohlwollenden und informierten Menschen.

6.4. Die Gedanken eines Bruders, der den Glauben an die Religion verlor

Zu dem Zeitpunkt, als mein Bruder sich geoutet hat, habe ich noch an einen christlichen Gott geglaubt. Ich denke, dass die Homosexualität meines Bruders und meiner Schwester der Anstoß dafür waren, meinen Glauben zu hinterfragen.

An bestimmte Ausdrücke und Unterhaltungen aus dieser Zeit kann ich mich noch gut erinnern, andere habe ich vergessen, aber sie wurden mir durch meine Mutter ins Gedächtnis gerufen.

Der Wortlaut meines Bruders war: „... ich bin nicht hetero.“ Meine Antwort war in etwa: „Ok, ist nicht schlimm, ich habe dich trotzdem lieb.“ Daraufhin brach er in Tränen aus, wir umarmten uns und er sagte: „Ich hatte so Angst, dass du enttäuscht von mir bist.“ Daraufhin versicherte ich ihm, dass ich ihn immer lieb haben würde, egal was geschieht.

Aus heutiger Sicht finde ich Teile meiner ersten Reaktion unangebracht, aber wenn man bedenkt, dass ich damals unter dem religiösen Einfluss stand, der Homosexualität als Sünde ansieht, ist dies nicht allzu erstaunlich. Ich habe dich „trotzdem“ lieb. Als ob seine Sexualität in irgendeiner Weise ein Grund wäre, dies nicht zu tun. Als ob seine Sexualität mich überhaupt etwas anginge!

Schlimm finde ich auch, dass er nicht einmal das Wort „schwul“ über die Lippen bringen konnte. Er konnte nur sagen „nicht hetero“, so verteufelt schien das Wort zu sein. Nichtsdestotrotz schien ihm danach erst einmal ein Stein vom Herzen gefallen zu sein. Erst einmal war alles gut. Eine Frage hat er mir dann aber noch gestellt, ob ich dann auch kein Problem damit hätte, wenn er demnächst mit seinem Freund antanze. Ich erwiderte, dass ich mich daran dann wohl gewöhnen müsse.

Ein paar Wochen später sagte mir auch meine Schwester: „Ich bin lesbisch." – „Ok", war meine kurze Antwort.

In den darauffolgenden Monaten habe ich meiner Mutter gesagt, dass ich mit der Homosexualität meiner Geschwister nicht klarkomme. Ich versicherte meiner Mutter, dass es für mich niemals in Frage käme, schwul zu sein. Als ob das meine Entscheidung wäre.

Einmal betitelte ich beim Zocken einen Freund als „Scheiß Schwuchtel". Ich erntete dafür einen völlig gerechtfertigten bösen Blick von meinem Bruder, der neben mir saß. Gesagt haben wir dann nichts weiter. Gedanklich rechtfertigte ich mich: „War ja nicht so gemeint. Ich habe ja nichts gegen Schwule." Oder vielleicht doch? Oder doch nicht? Und woher nehme ich die Legitimation, vielleicht doch etwas gegen Homosexuelle zu haben? Irgendwie ist das ja nicht so ganz von Gott gewollt. Aber warum erschafft er dann meinen Bruder und meine Schwester so und verlangt von ihnen, anders zu sein? Das ergibt doch eigentlich gar keinen Sinn. Und so begann ein Denkprozess, der einige Jahre andauern sollte. In einem Nordseeurlaub mit meinen Eltern im Jahr 2015 wurde das Thema beim Wattwandern wieder aufgegriffen. Meine Mutter berichtete von einem Buch, in dem die Aussage getroffen wurde, dass es so etwas wie ein „Schwulen-Gen" nicht gäbe, wohl aber Gene, die Homosexualität begünstigen. Ich erwiderte: „Ich will da eigentlich gar nicht drüber reden."

Außerdem habe ich mich teilweise wie zwischen zwei Fronten gefühlt. Meine Eltern erzählten mir von ihren Ansichten und Gesprächen mit meinen Geschwistern und meine Geschwister taten dasselbe. Ich fühlte mich teilweise unter Druck gesetzt, mich einer Seite anzuschließen.

Inzwischen war ich an einem Punkt angekommen, an dem mir die Sexualität meiner Geschwister ziemlich gleichgültig war. Doch wie kam ich von meiner „Anti-Homo-Haltung“ zu dieser Gleichgültigkeit? Ich denke, der Grund war, dass Religion immer weniger Bedeutung in meinem Leben bekommen hatte. In den Jahren vor meinem Abitur wählte ich Philosophie statt Religion. Auch im Freundeskreis hatten religiöse Themen kaum Bedeutung. Mein einziger religiöser Einfluss in dieser Zeit waren meine Eltern. Und der war bei mir im Alter von 17 Jahren verständlicherweise auch nicht mehr so groß.

Seit 2017 würde ich mich als Atheisten und „Pro-Homosexuell“ bezeichnen. Das Verhältnis zu meinen Geschwistern ist großartig, es ist in keiner Weise mehr aufgrund von religiösen Ansichten zu sexueller Orientierung geschwächt. Es ist mir auch nicht mehr peinlich, anderen Menschen mitzuteilen, dass mein Bruder einen Freund hat. Warum sollte es auch? Es gibt keinen logischen Grund dafür.

Auch das Verhältnis zwischen meinen Eltern und meinen Geschwistern ist wesentlich besser als früher. Sie sind miteinander versöhnt. Das war aber nicht immer so.

Während ich selbst zwischenzeitlich bereits voll auf der Seite meiner Geschwister stand, waren meine Eltern immer noch der Ansicht, Homosexualität sei Sünde. Das war keine schöne Zeit, zumal meine vegane Lebensweise, die ich begann, einen weiteren Konflikt zwischen mir und meinen Eltern darstellte. Die Folge war eine Distanzierung zu meinen Eltern. Ich sagte vielleicht einmal pro Tag „Hallo“. Ansonsten habe ich den Kontakt zu ihnen weitestgehend vermieden. Im Jahr 2018 haben wir dann gemeinsam Urlaub gemacht. Alle waren sich einig, dass dies wirklich kein schöner Urlaub war. Zu groß waren die unterschiedlichen Ansichten, die angestaute Wut, die Schuldzuweisungen.

Distanzierung war natürlich der völlig falsche Weg. Später sah ich das auch ein und entschuldigte mich bei meinen Eltern. Und da ich hier einen Fehler meinerseits einräume, will ich auch Fehler meiner Eltern erwähnen, ohne dabei mit dem Finger zu zeigen. Jeder macht Fehler und jeder hat eine zweite Chance verdient.

Meine Eltern sahen, wie gesagt, Homosexualität als eine Sünde an. Sie sagten zum Beispiel, dass ein homosexuelles Leben für meinen Bruder nur Plan B sei, dass er so nie glücklich werden würde. Und sie hatten Angst, dass meine Geschwister wegen ihrer sexuellen Orientierung und ich wegen meines fehlenden Glaubens in die Hölle kämen.

Wie schlimm muss es für eine Kind sein, wenn die eigenen Eltern denken, dass es sein Leben falsch lebt, dass etwas mit ihm nicht stimmt? Mein Bruder hatte zu dieser Zeit teilweise Selbstmordgedanken und aus seinen Erzählungen wusste ich, dass dies bei meiner Schwester auch der Fall war. Ich gab meinen Eltern große Mitschuld daran. Glücklicherweise gehört das der Vergangenheit an. Inzwischen gebe ich nicht mehr meinen Eltern die Schuld, sondern der Religion.

Denn es ist die Religion, es sind nicht ihre Anhänger, in der ein Großteil der heutigen Homofeindlichkeit verwurzelt liegt. Es ist die Religion, die ansonsten vernünftige und gute Menschen dazu bringt, andere Menschen aufgrund ihrer Sexualität zu verurteilen und zu diskriminieren. Außerdem lässt Religion Menschen bei gewissen wissenschaftlichen Themen den Kopf in den Sand stecken. Ich bin ein Gegner der Religion. Ohne die Outings meiner Geschwister und den damit verbundenen Auseinandersetzungen wäre ich das vielleicht nicht. Zumindest noch nicht. Das alles hatte einen großen Einfluss darauf, wer ich heute bin. Ich denke, dass ich dank der Homosexualität meiner Geschwister heute ein besserer Mensch bin, als ich es ohne sie wäre.

6.5. Ein Beitrag eines Bruders, dessen Hoffnung Jesus ist

Wir sind als drei Brüder in einer durchschnittlichen deutsch-christlichen Familie aufgewachsen. Wir nahmen am freikirchlichen Leben einer lebendigen Gemeinde teil. Zu Hause fühlte ich mich immer sicher und geborgen und kann von meiner Seite aus sagen, dass ich eine unbeschwerte und schöne Kindheit hatte. Ich bin der Mittlere, das Sandwich-Kind.

Mein älterer Bruder und ich sind uns bis heute sehr nahe. Wir teilen die gleichen Interessen und haben einfach einen guten Draht zueinander. Bei meinem jüngeren Bruder war das etwas anders, obwohl ich vor der Pubertät mit ihm mehr Zeit verbrachte, wir teilten uns ein Zimmer. Später in der Pubertät (wir sind alle übrigens nur ein Jahr auseinander) war ich mehr mit meinem größeren Bruder zusammen. Wir rauften, erlebten Abenteuer und hatten die gleichen Interessen. Mein kleinerer Bruder ging seine eigenen Wege, musizierte viel und hatte auch einen anderen Freundeskreis. Er war irgendwie anders als wir, kein wilder Junge, sondern eher zurückhaltend und feiner.
Das erste Mal, dass ich merkte, dass mit meinem Bruder etwas „nicht stimmte“, war während der Pubertät, als wir herausbekamen, dass er sich nackte Männer am Computer angeschaut hatte. Ich dachte mir erst nichts dabei, doch es war schon irgendwie komisch.

Mein Bruder trat auf der einen Seite sehr bestimmt und sicher auf. Er ist sehr eloquent und gebildet, doch auf der anderen Seite ist er sehr unsicher und abhängig von der Zustimmung anderer. Er wechselte häufig seine Ausbildungsstätten. Auch seine Lebensziele und Pläne wechselten ständig. Bei meinem Bruder gab es alle fünf Jahre immer wieder gravierende Neuerungen. Einen neuen Ort, Beruf, Arbeitsplatz oder Partner.
Er hatte eigentlich immer ein gutes Verhältnis zu Frauen, heiratete jung und hat mit der ersten Frau drei Kinder. Die Verbindung ging in die Brüche, soweit ich weiß, weil er seine homosexuelle Neigung seiner damaligen Frau beichtete. Ich sah das damals als Ausrede, um aus der Beziehung auszusteigen. Er hatte ja drei Kinder mit seiner Frau gezeugt und ich nahm das nicht ernst. Später heiratete er wieder eine Frau, mit der er auch Kinder zeugte. Leider muss ich zugeben, dass ich dies alles häufig nur von Dritten erfahren habe. Meine Beziehung zu meinem Bruder war immer gespannt. Wir kamen miteinander klar, doch fehlte seit der Pubertät eine gewisse Vertrautheit. Wir konnten miteinander nicht so recht was anfangen. Als auch die zweite Ehe meines Bruders in die Brüche ging und er eine feste Beziehung mit einem Mann einging, war seine Neigung nicht mehr zu „ignorieren“. Er schickte Fotos von seinem neuen Partner, mit dem er zusammenzog, in die Familiengruppe bei WhatsApp. Ich konnte das nur schwerlich ertragen und stieg aus der Gruppe aus. Zum einen, weil seine zwei Ex-Frauen und fünf Kinder jetzt ohne Partner, beziehungsweise Papa dastanden. Aus meiner Sicht kümmerte er sich nicht so um die Kinder, wie sie

es gebraucht hätten. Zum anderen empfand ich ihn als sehr egoistisch. Mir taten die Kinder leid, ich schämte mich für ihn. Hinzu kam seine homosexuelle Neigung, die er dann auch öffentlich auslebte. Jedes Foto in der Familiengruppe, auf dem die beiden glücklich um die Wette strahlten, war für mich ein Schlag in die Magengrube. Ein Verrat an der Familie. Mal abgesehen von meinen biblisch geprägten ethischen Überzeugungen. Die spielten aber eine eher untergeordnete Rolle.

Sein ganzes Leben war ein Auf und Ab für uns als Familie. Allein schon durch die Scheidung und die zwei Frauen. Wir konnten kein Weihnachten mehr als Familie feiern, weil die eine Frau nicht mit der anderen konnte. Alles wurde kompliziert – und nun noch sein neuer Freund, den er dann auch später heiratete. Er brachte unser traditionelles Familiensystem durcheinander und beschäftigte meine Eltern und uns sehr. Meine Eltern waren immer irgendwie bemüht, die Brände meines Bruders zu löschen und ihm auszuhelfen. Sei es, dass er etwas brauchte oder dass sie Verantwortung für seine beiden Ex-Frauen und deren Kinder übernahmen. Dass er dann später seinen Partner heiratete, überraschte mich schon gar nicht mehr. Das war abzusehen. Ich könnte mir auch vorstellen, dass er noch ein Kind mit ihm adoptiert.

Ich bin emotional durch verschiedene Phasen mit meinem Bruder gegangen. Zuerst Erstaunen und Unverständnis, dann wurde ich zornig auf ihn. Später empfand ich Mitleid, als herauskam, dass er als Kind durch einen Nachbarn Missbrauch erleben musste. Ich war sehr wütend auf meinen Nachbarn und hätte ihn am liebsten verprügelt. Irgendwie war mein Bruder sein ganzes Leben auf der Suche nach etwas, dass er vielleicht in Beziehungen suchte. Meine Gefühle heute sind eine Mischung aus Gleichgültigkeit und Resignation. Ich wünsche mir eine gute Beziehung zu meinem Bruder und das hat erst mal nichts mit seiner sexuellen Orientierung zu tun. Doch es ist kompliziert und anstrengend zwischen uns.

Meine Überzeugung ist, dass wir Menschen nie nur auf ihre sexuelle Orientierung reduzieren sollten. Der Mensch ist mehr als seine Sexualität. Das hilft mir, meinem Bruder liebevoll und respektvoll zu begegnen. Er trifft seine Entscheidungen und ist für sie verantwortlich. Es ist auch nicht an mir, seine Entscheidungen zu beurteilen. Die Beziehung zu meinem jüngeren Bruder wäre auch ohne seine Neigung für uns beide herausfordernd. Wir sind sehr unterschiedlich und unsere Ansichten gehen weit auseinander. Ich erkenne eine gewisse Rivalität zwischen uns.

Das eine, was mir dennoch Hoffnung gibt und guttut, ist, dass wir beide den Herrn Jesus lieb haben und dadurch ein Band haben, das diese Welt überdauert und alle Hindernisse überwindet. Letztlich ist dieser Gedanke für mich versöhnlich, bei all den biografischen und zwischenmenschlichen Herausforderung unserer Beziehung. Am Kreuz sind wir eins und mehr als Brüder.

6.6. Ein Statement aus Sicht erwachsener Kinder

Im Gespräch mit zwei „Betroffenen“ habe ich mich gefragt, welches wohl die ersten Gedanken und Reaktionen auf das Outing des Vaters waren. Aus Sicht von Eltern homosexueller Kinder, gerade im christlichen Umfeld, sind es ja oftmals zuerst die Schuldgefühle. Aber was bewegt Teenager, die bisher in einer zwar strengen, aber nach außen hin heilen Welt aufgewachsen sind? Ich stelle mir ein komplettes emotionales Chaos vor. Die Nachricht, „dein Vater ist homosexuell“ oder „deine Mutter ist lesbisch“, bringt betroffene Kinder gerade innerhalb der Gemeinde in eine Isolation. Kann es sein, dass im Alleinsein mit den Problemen mehr Schlimmes liegt als in dem Umstand der Homosexualität selbst? „Es ist nicht gut, dass der Mensch allein sei.“ Und weil Gott diesen Satz sagte, als er Mann und Frau schuf, reduzieren wir ihn zu schnell auf die eheliche Beziehung zwischen Mann und Frau. Es ist nicht gut, dass wir allein sind mit unseren Sorgen und Nöten. „Einer trage des anderen Last.“ Im Alleinsein sind wir angreifbar. Denken wir vielleicht, dass nur wir so fühlen, dass nur wir so komisch sind? Aus meiner Zeit der Arbeit mit Müttern und Kindern wurde ich mehrfach mit Berichten über Abtreibungen konfrontiert. Frauen, die nach einer erlebten Abtreibung gar nicht klarkamen, waren erfüllt von Trauer und Schuldgefühlen und meinten, dass es nur ihnen so erginge. Wie befreiend wäre es für sie gewesen, in ihrer Not zu erfahren, dass es viele gibt, die so empfinden. Auch in Punkto Homosexualität erleben wir Vereinsamung in jeder Hinsicht. Die Betroffenen selbst sind in ihren Gefühlen zerrissen, gehören zu den Abgelehnten. Nach dem Outing kann diese Vereinsamung noch mehr Menschen betreffen, wenn gute Kommunikation nicht möglich ist. Und wie soll man gut miteinander kommunizieren, wenn gerade ein Tsunami das so vermeintlich sichere Gefüge zerstört und weggespült hat?

„Das Outing unseres Vaters war zunächst einmal ein Schock und wir haben uns gefühlt, als sei die ganze Welt zusammengebrochen. War unser gesamtes Familienleben auf einer Lüge aufgebaut? Dazu war es erschreckend, wie ein Mensch ein so großes Geheimnis sein Leben lang mit sich herumtragen konnte. Viele Menschen waren von dieser Lebenslüge betroffen oder litten darunter! Wir mussten uns nun zeitgleich mit zwei Dingen auseinandersetzen: zum einen damit, dass unser Vater homosexuell ist, zum anderen damit, dass er unsere Mutter und auch uns über viele Jahre mit seinem Freund betrogen hatte. Wir merken im Nachhinein, dass wir einen Umgang mit der Homosexualität finden, der Betrug aber und die Lüge, damit ist schwer umzugehen und eben das hat anfänglich zu Wut als Reaktion auf das Outing geführt.“

Der Tsunami ist vorbei und das Chaos, das er hinterlässt, ist wohl kaum in kurzer Zeit aufzuräumen. Das, was vorher vielleicht nicht möglich war, nämlich offen über Probleme zu sprechen, kann unmöglich mit dem funktionieren, was das Leben der ganzen Familie zerrüttet hat. Alte Konflikte kommen hoch, Streit bestimmt den Alltag und Angriff oder Rückzug sind die Mittel der Bewältigung. Und wie bei jeder anderen Trennungssituation stehen die Kinder dazwischen, erleben die Zerrissenheit zwischen den Eltern und müssen gleichzeitig mit sich selbst und ihren Gefühlen klarkommen. Zusätzlich stehen die Kinder der Erwartung gegenüber, dass sie eine tolerante Weite in Bezug auf Homosexualität zeigen. Sie, die ihr Leben lang konservative Strenge gewohnt waren, sollten umgekehrt nun einfach das Neue akzeptieren. Während der betroffene Homosexuelle, auch wenn er unter seinem Verlangen vielleicht gelitten hat, viele Jahre Zeit hatte, um sich mit dem Thema auseinanderzusetzen, ergeht an Angehörige und somit auch an die Kinder der Anspruch, jetzt sozusagen den Schalter der Toleranz umzulegen. Ein kaum zu bewältigender emotionaler Spagat. Hinzu kam das schon vorher beschriebene „Alleingelassensein", weil jeder in der Familie sein eigenes Päckchen zu tragen hatte.

„Wir hatten niemanden, um darüber zu reden und haben uns sehr alleine gelassen gefühlt. Bis heute kennen wir keinen Menschen, der in der gleichen Situation ist wie wir. Wir hätten uns Hilfe gewünscht, egal von wem. Monatelang sprachen wir gar nicht über die Situation,

dann nur mit den engsten Freunden. Wenn man über das Outing seines Vaters spricht, stößt man meist auf Sprachlosigkeit und keiner weiß genau, was er dazu sagen soll. Im Bekanntenkreis und in der Umgebung wurde vor allem über unsere Familie geredet, anstatt mit uns. Kaum einer hat sich getraut, uns etwas zu fragen.

In der Gemeinde erlebten wir es ähnlich. Vor dem Outing unseres Vaters wurde nie wirklich über Homosexualität gesprochen. Allerdings war eigentlich wie von selbst klar, dass Homosexualität nicht in Ordnung ist. Nach dem Outing wurde gesprochen, in unserer Gemeinde und in den umliegenden, allerdings eher im Verborgenen und auch hier nicht mit unserem Vater oder uns als Familie. Wir denken, es wäre gut gewesen, die Betroffenen miteinzubeziehen. Homosexualität ist nach wie vor in fast allen Gemeinden ein Tabu-Thema. Wir finden, dass offen darüber gesprochen und verschiedene Meinungen angehört werden sollten. Auch sollte Kindern und Jugendlichen nicht von klein auf vermittelt werden, dass Homosexualität etwas Schlechtes oder eine Sünde ist. Stattdessen sollte jeder den Freiraum haben, selbst eine Antwort zu finden oder auch keine Antwort darauf zu haben. Es ist wichtig, dass man mit seiner Meinung auch nicht verurteilt wird. Besonders mit Betroffenen sollten Gemeinden das Gespräch suchen und auch ihre Perspektive wahrnehmen.“

Wenn ich bis hierhin schon erstaunt über die Weite meiner Gegenüber war, so freute ich mich über das Fazit, das aus den Umständen gezogen wurde. Es gab kein Beschönigen der Situation, weder in Bezug auf die Erziehung noch im Blick auf die Prägung des strengen Gottesbildes durch die Gemeinde. Welch eine Herausforderung, einer solchen Situation Gutes abzugewinnen! Ich denke, darin liegt ein Potenzial, das auf die Zukunft ausgerichtet auch anderen Menschen eine Perspektive geben wird.

„Nachdem die Auseinandersetzung mit dem Thema Homosexualität unser Gottesbild zunächst einmal generell erschüttert hat, haben wir uns die Frage gestellt, wie Gott so etwas zulassen kann und was es für einen Sinn hat. Wir begriffen, wie außergewöhnlich und was für ein Wunder es eigentlich ist, das Kind eines homosexuellen Vaters zu sein. Wir erkannten, dass Gott uns liebt und auch uns viele Freiheiten schenkt. Oftmals kommt die Strenge, auch in der Erziehung, nicht von Gott und seinem Willen, sondern von den Christen selbst, die genau meinen zu wissen, was richtig und was falsch ist und anderen Vorschriften machen. Gott ist ein Gott, der alle Menschen gleichermaßen liebt, egal, welche sexuelle Orientierung sie haben. Wir beide sind der Ansicht, dass Homosexualität nichts Falsches und keine Sünde ist, dass es aber entscheidend ist, wie man es lebt, beispielsweise in Bezug auf Betrug des Partners oder der Partnerin, Leugnung, Lügen und so weiter.

Im Nachhinein stärkt uns die Krise, in die wir geraten sind, für unser ganzes Leben. Wir haben dadurch unsere eigenen Stärken und Schwächen entdeckt, haben erkannt, was alles in uns steckt, und uns selbst mehr zugetraut. Wir haben gelernt, nicht alles zu akzeptieren und über sich ergehen zu lassen, sondern kritischer und reflektierter durch die Welt zu gehen und für sich selbst einzustehen. Außerdem hat Gott uns gezeigt, dass er immer da ist und dass es im Nachhinein wohl das Beste für unsere Familie war, dass alles ans Licht kam. Wir erkannten, wie wichtig gute Kommunikation ist und wieviel ein gutes Gespräch bewirken kann.

Und das ist auch unser Wunsch für die Zukunft, nämlich Möglichkeiten zu finden, ehrlich und wertschätzend miteinander ins Gespräch zu kommen. Dazu sind eine Versöhnung mit der eigenen Lebensgeschichte und tiefe Vergebung nötig."

Nun noch eine letzte Frage, denn ihr habt einen Erfahrungsschatz, den sich bestimmt niemand wünscht, der aber auch andere betrifft. Was würdet ihr ihnen raten?

„Anderen, die in der gleichen Situation sind, können wir nur empfehlen, sobald es geht, mit einer Vertrauensperson zu sprechen. Das können Freunde, Familie, andere Betroffene oder ein/e Therapeut/in sein. Wichtig ist, dass man diese Dinge nicht in sich hineinfrisst und mit seinen Problemen allein bleibt. Auch der Person, die sich

geoutet hat, sollte man, wenn es möglich ist, Fragen stellen und mit ihr einen Austausch haben. Man sollte sich auch immer selbst fragen, wie es einem mit der Situation wirklich geht und nicht so tun, als würde man damit klarkommen, wenn dies nicht so ist, nur, weil andere das vielleicht erwarten. Wenn man an Gott glaubt, können auch Gebete und das Vertrauen zu Gott eine Zuflucht sein. Das Thema Homosexualität sollte keinesfalls ignoriert werden, sondern man sollte sich damit auseinandersetzen, auch wenn es als indirekt Betroffene/r sehr schwierig und kräftezehrend sein kann. Dazu sollte man vermeiden, nach Schuld zu suchen, weder bei sich selbst noch bei der Person, die sich geoutet hat."

Das Thema Kommunikation zieht sich durch diesen Beitrag in jeder Hinsicht. An diesem Punkt haben, glaube ich, alle zu lernen. Da braucht es Mut, eventuell neue Regeln und die Voraussetzung, dass der andere es mir wert ist, dass ich mich für die Beziehung zu ihm einsetze. Da braucht es Vergebungsbereitschaft und Verstehenwollen. Da braucht es eine Herzenserweiterung, die mit Gottes Hilfe möglich und auch schon geschehen ist.

Ich hoffe, dass sowohl unsere eigene Geschichte als auch die Berichte Betroffener dazu beigetragen haben, einen Perspektivwechsel zu vollziehen und ein stückweit mehr zu verstehen, dass durch Homosexualität nicht ausschließlich der homosexuell Empfindende einen Weg für sich finden muss. Ein System ist betroffen. Und wie gut wäre es, wenn es mehr Möglichkeiten gäbe, offen darüber sprechen zu können.

Im nächsten Kapitel wird es ein wenig darum gehen, wodurch unser Bild von Homosexualität so geprägt ist. Wir werden kurz auf die rechtliche Situation in Deutschland schauen und darauf, dass Dinge, die zwar rechtlich festgeschrieben sind, noch nicht zwangsläufig etwas am Alltag eines Menschen ändern. Rein rechtlich gesehen ist es zum Beispiel klar, dass homosexuelle Menschen heiraten dürfen. Ob ich meine Ehe allerdings in einer Gemeinde schließen kann, ist dadurch nicht ohne Weiteres gewährleistet. Segen für die Beziehung in einem gemeindlichen Umfeld zu erlangen, kann sich als schwierig erweisen.

7. Die Herausforderung umzudenken

Doch bevor wir beim Segnen ankommen, machen wir noch einen kleinen Exkurs zum Bild, das wir möglicherweise so allgemein von homosexuellen Menschen haben. Ein Bild, dass geprägt ist vom „Schuh des Manitou“ und dem „schwulen Winnetou auf seiner Ponderosa-Ranch“. Ein Bild, das uns oftmals durch die Medien vermittelt wird, das Homosexuellen ein Verhalten zuschreibt, das sie vermeintlich direkt als homosexuelle Menschen erkennbar macht. Es gibt kaum noch einen Krimi, in dem nicht nach einigen Minuten erkennbar ist: Aha, da ist er, der Quoten-Homosexuelle. Ich möchte das Bewusstsein dafür wecken, dass Bilder vom Christopher Street Day (CSD) oder die Darstellung eines Homosexuellen in unseren Fernsehkrimis einfach unser Klischee bedienen. Und ich behaupte jetzt einfach mal, dass die meisten homosexuellen Menschen nicht direkt an ihrer Mimik, Gestik oder Stimmlage als solche erkennbar sind.

7.1. Der CSD

Lassen Sie mich kurz auf den CSD eingehen. Er hat seinen Ursprung im Jahr 1969, genau genommen am 28. Juni, im New Yorker Stadtviertel Greenwich Village. Vor diesem Tag gab es in Bars, in denen sich vornehmlich homo- und transsexuelle Menschen trafen, immer wieder willkürliche, gewalttätige Kontrollen durch die Polizei. An diesem Tag aber wehrten sich die Menschen gegen die Polizei. Das war der Beginn von tagelangen gewalttätigen Ausschreitungen und der Beginn, für die Rechte der homo- und transsexuellen Menschen zu kämpfen. Nachdem sich die Ausschreitungen gelegt hatten, bildete sich ein Komitee, das den ersten CSD ins Leben rief, der sich mittlerweile weltweit verbreitet hat. Das, was heute wie ein Karneval anmutet, hat seinen Ursprung darin, sich gegen willkürliche Gewalt zu wehren, im Sinne der Grundrechte eines jeden Menschen.

Meine Tochter machte mich an dieser Stelle darauf aufmerksam, dass der CSD auch heute noch in vielen Teilen politisch sei. Das stimmt. Es geht mir aber vor allem darum, was Menschen, so wie ich, die mit dem Thema Homosexualität irgendwie augenscheinlich so gar nichts zu tun hatten, wahrnehmen. Bei der kurzen Sequenz in den 8 Uhr-Nachrichten sehe ich vor allem Regenbogenfahnen und sehr schrill gekleidete Menschen mit großen Federn auf dem Kopf. Und das bedient wieder das Klischee. Somit ist für „Außenstehende“ aus einem Aufstand für Freiheit und Gerechtigkeit ein bunter Karneval geworden. Vielleicht hinkt der Vergleich ein wenig, doch so, wie der allgemeine Karneval (der natürlich auch politische Anteile hat) in Köln und anderswo nicht Otto Normalverbraucher und einen heterosexuellen Lebensstil repräsentiert, so wenig spiegelt der CSD das ganz normale Leben eines homosexuellen Menschen wider. Leider, und jetzt komme ich wieder zu dem Punkt, den ich meine, sind die Bilder des CSD sehr in unseren Köpfen verankert. Stellen wir uns im Umkehrschluss vielleicht einmal vor, alle homosexuellen Menschen würden von den heterosexuellen denken, dass sie so sind, wie sie sich im Karneval verhalten. Heteros, das sind die, die komische Hütchen tragen, eine Pappnase aufhaben und versuchen, lustig zu sein. Das wäre das Pendant.

Ich möchte hier niemandem zu nahetreten, der sowohl hinter dem CSD als auch hinter den Mottowagen beim Karneval die Ernsthaftigkeit einer politischen Ausdrucksweise und einer Demonstration sieht. Ich denke nur, dass das, was Otto Normalverbraucher wahrnimmt, eher ein großes buntes Event ist.

Wir nehmen dieses Event durch unsere spezielle Sichtweise wahr und machen uns nicht bewusst, dass das nicht das wirkliche Leben ist. Bei Karnevalsumzügen ist klar: Am Aschermittwoch ist alles vorbei, da fängt das „normale" Leben wieder an.

7.2. Begegnung

Im wirklichen Leben würde sich auch niemand als hetero outen müssen, denn hetero ist die Norm. Wenn ich heute neue Menschen kennenlerne, nehmen wir einmal an, ein Pärchen, Mann und Frau, dann käme ich nie als Erstes auf den Gedanken, wie die beiden wohl miteinander ins Bett gehen. Sondern bei einer ersten Begegnung werden mir ganz andere Dinge auffallen oder im Vordergrund stehen. Wie sieht der andere aus? Ist er groß, klein, dick oder dünn? Welche Haarfarbe hat er, wie ist er gekleidet? Begegnet er mir freundlich aufgeschlossen oder eher sachlich, introvertiert? Wenn ich die Fremden dann ein wenig näher kennenlerne, gäbe es Themen wie: Was essen oder lesen die anderen gerne? Welchen Beruf üben er oder sie aus, welchen Hobbys gehen sie nach? Glauben sie, so wie ich, an Gott? Und so würde sich eventuell eine Beziehung sozusagen von außen nach innen entwickeln. Wenn man sich sympathisch findet, würde man vielleicht mehr Zeit miteinander verbringen und eine Freundschaft könnte entstehen.

Jetzt stellen wir uns mal eine erste Begegnung mit einem homosexuellen Menschen vor, von dem wir wissen, dass er homosexuell ist. Hier kreisen die Gedanken ganz schnell um Sex. Die Aussage, „mein Sohn ist schwul", greift direkt in die Intimsphäre ein, und das, was den Menschen ausmacht, nämlich Geist, Seele und Leib, das, was bei einer Begegnung mit einem „normalen" Paar so normal ist – von außen nach innen – wird hier schnell verdreht. Jemand aus meinem näheren Umfeld, von dem ich annahm, dass er sich über meinen Sohn bei Facebook „erkundigt" hatte, lenkte eine Weile das Gespräch immer mal wieder auf Homosexuelle. Die Aussage, die sich wiederholte: „Echt, ich möchte mir gar nicht vorstellen, wie die es miteinander machen.“ Ich dachte, weil ich ja persönlich betroffen bin, in dem Moment: „Also, ich möchte mir auch gar nicht vorstellen, wie du es mit deiner Frau machst.“ Aber zeitgleich passiert das schon. Das ist der Effekt: Stellen Sie sich jetzt bitte nicht einen kleinen rosa Elefanten mit hellblauen Schuhen vor. Na, woran haben Sie jetzt gedacht?

Was würden wir wohl selbst empfinden, wenn unser Gegenüber als Erstes unsere Intimsphäre beäugt? Unser allererstes Gespräch wäre eines über unsere Vorlieben beim Sex oder einen Besuch beim Gynäkologen oder Urologen. Wie würde sich das für Sie anfühlen?

Der Mensch ist doch so viel mehr als seine Sexualität! Der Mensch ist Geist, Seele und Leib. Ganz individuell, jeder mit besonderen Fähigkeiten und Vorlieben. Da gibt es die eher Sachlichen und die eher Warmherzigen, die Unkonventionellen und Korrekten. Da gibt es die Intro- und Extrovertierten, die Flexiblen und die, die Strukturen lieben. Die Aufzählung könnte jetzt weitergehen, wenn wir uns überlegen, wie unterschiedlich jeder Mensch „tickt“ und sein Leben gestaltet. – Und das völlig unabhängig von seiner sexuellen Orientierung. Und so ist ein Homosexueller erst einmal ein Mensch, der sich mit seinen Bedürfnissen und Begabungen nicht von einem Heterosexuellen unterscheidet. „Normale“ Homosexuelle sind wirklich ganz normal, sie gehen einer Arbeit und Hobbys nach. Ja, und es gibt auch welche, die gehören zu einer Gemeinde und glauben an Gott.

Das allgemeine Bild, das möglicherweise auch in unseren Köpfen verankert ist, ist aber ein anderes, nämlich, dass sich das Leben homosexueller Menschen hauptsächlich um Sex dreht und dass sie wenig Interesse an festen Beziehungen haben. Von Heterosexuellen hingegen würden wir wahrscheinlich nicht direkt denken, dass sie Bordelle besuchen oder ihre/n Partner/in von vornherein als Lebensabschnittspartner betrachten.

7.3. Anspruch und Realität

Denjenigen homosexuellen Menschen, die sich ganz verbindlich zeigen und heiraten wollten, wurde bis zum 1. Oktober 2017 die Möglichkeit dazu verwehrt. Von diesem Zeitpunkt an gibt es die Ehe für alle in Deutschland. Wenn aber der Bundestag neue Gesetze erlässt, welche die Rechte von Minderheiten stärken, meinen wir, gleich zu erkennen, dass unser Land nun direkt dem moralischen Verfall preisgegeben wird, anstatt zu sehen, dass diese Verbindungen in die Ordnung unserer Rechtsstaatlichkeit eingebunden werden, worüber man sich ja eigentlich freuen könnte. Mit der rechtlichen Legitimierung verbindet sich so viel. Es ist etwas anderes, ob ich als Ehepartner oder als Lebensgefährte zum Beispiel in einer lebensbedrohlichen Lage im Krankenhaus meinem Partner zur Seite stehe. Regulär verheiratet zu sein, greift unter anderem auch in das Erbrecht, in das Vertragsrecht, in Bezug auf Kinder in die Obsorge (Gesundheit des Kindes, Erziehung und Vermögensverwaltung), in das Aufenthaltsrecht (hier greift ein Schutz gegen Abschiebung bei Partnern aus anderen Ländern), das Steuerrecht, die Rente, in das Versicherungswesen allgemein und nicht zuletzt in das Namensrecht in Bezug auf Partner und Kinder ein. Diese Rechte sind aber noch nicht in vollem Umfang denen heterosexueller Paare angeglichen. Ich möchte nur ein Bewusstsein schaffen und nicht weiter in diese Thematik einsteigen.

An dieser Stelle möchte ich noch einen anderen Gedanken einbringen, der auch sehr viel mit den Rechten und dem Persönlichkeitsschutz homosexueller Menschen zu tun hat. Es ist gerade mal zwei oder drei Jahre her, als ich mir in einem unserer Gottesdienste den Satz anhören musste: „Und ich sage euch: Homosexualität ist eine Krankheit!“ Emotional war das für mich nur schwer auszuhalten. Abgesehen davon, ist eine solche Ansicht kaum noch haltbar.

Bereits 1974 wurde Homosexualität von der American Psychological Association (APA – großer nordamerikanischer Psychologenverband) aus der Liste psychischer Störungen gestrichen.

1992 folgte der Ausschluss aus dem ICD-10, einer internationalen Klassifikation psychischer Störungen der Weltgesundheitsorganisation.

Kann ich Homosexualität nicht als Krankheit definieren, so benötigt auch niemand eine Therapie, um davon geheilt zu werden. *Sogenannte* Konversionstherapien (lat. conversio = Umkehr oder Umwendung) sollten vormals dem homosexuellen Menschen helfen, dass seine homosexuellen Neigungen abnehmen und heterosexuelles Verlangen steigt. Ich möchte hier nicht beschreiben, welche Grausamkeiten Menschen durch ebensolche Therapien erleiden mussten, immer in der Annahme, dass mit ihnen etwas nicht stimme, dass sie so, wie sie seien, leider falsch seien, und dass sie irgendwie „normal" werden müssten.

Allerdings wurde erst Ende 2019 bei uns in Deutschland konkret darüber nachgedacht, die sogenannten Konversionstherapien – zumindest für Minderjährige – gänzlich zu verbieten. Ein entsprechendes Verbot dieser Therapieformen wurde im Dezember 2019 beschlossen (9/www.tagesschau.de Stand: 18.12.2019), dazu später noch mehr.

Das sind die rein rechtlichen Dinge. Das ist unsere Demokratie. Ein Gut, auf das wir stolz sind, solange die Dinge Unterstützung finden, die wir für richtig halten. Die staatliche Legitimierung ist nur der äußere Rahmen. In der Realität haben homosexuelle Menschen mit ganz anderen Dingen zu kämpfen. Auch, wenn man etwas rein rechtlich tun darf, hat man ja keine Garantie dafür, dass man Menschen findet, die einen dabei unterstützen, von diesem Recht Gebrauch zu machen.

Der Alltag eines homosexuellen Menschen kann davon geprägt sein, immer wieder mit seinem „Anderssein“ konfrontiert zu werden. Manches entzieht sich dem Selbstverständnis eines heterosexuellen Lebens.

Hierzu der Beitrag eines Betroffenen, stellvertretend für viele Menschen, die sich Diskriminierung, Spott und anderem ausgesetzt sehen:

Neulich erst wollte mir ein Bekannter weismachen, dass sich seine Homosexualität ausschließlich auf sein Sexualleben auswirken würde. Ansonsten gäbe es keinerlei Punkte, die seinen Alltag von dem Heterosexueller unterscheiden würden. Auch in seiner Freizeit würde er sich genauso verhalten wie „alle anderen“. Das klingt erst einmal nach erstrebenswerter Gleichheit und Freiheit und so, als ob er ganz genauso leben würde wie „alle anderen“. Das tun Homosexuelle aber schlicht und ergreifend nicht. Das liegt daran, dass sie es in bestimmten Bereichen nicht können und in anderen selbst für sich entscheiden müssen, ob sie es für sich wollen. Ein wichtiger Punkt dabei ist das heteronormative Denken der Gesellschaft. Eine junge Dame zu fragen, ob sie denn einen Freund hätte, ist absolut alltäglich und selbstverständlich für einen Großteil der Menschen.

Dass dies eventuell unangenehm für sie sein könnte, daran denken die wenigsten. Gegen diese Erwartungshaltung anzugehen, kann anstrengend sein. Vor allem, wenn man sich über die eigene sexuelle Orientierung noch nicht sicher ist oder wenig Selbstbewusstsein hat. Als nicht heteronormative Person ist es bei so einer Frage häufig einfacher, sie zu verneinen, ohne die dazugehörige Erklärung abzugeben. Dies würde ja unmittelbar auf ein Outing hinauslaufen und dieses ist für viele Homo- und Bisexuelle keine Option. Die Gründe dafür können natürlich sehr variieren, aber letztendlich handelt es sich bei ihnen um dieselben, die viele Schwule, Lesben und Bisexuelle auch davon abhalten, öffentlich und offensichtlich zu sich selbst und ihren jeweiligen Partnern zu stehen: Sie möchten sich nicht zur Zielscheibe machen.

Was das Ausleben meiner homosexuellen Beziehung in der Öffentlichkeit angeht, bin ich schon mehrfach ungewollt zur Zielscheibe geworden. Dies geschah nicht in irgendwelchen kleinen Dörfern auf dem Land, sondern in Großstädten wie Köln und Leipzig. Zum Beispiel direkt vor dem Kölner Dom, durch einen Anhänger irgendeiner religiösen Vereinigung, der mir und meinem Freund nahelegen wollte, dass unsere Beziehung in Gottes Augen falsch sei. Dazu behauptete er auch noch, dass wir das genau wüssten, dass es falsch sei. Als Reaktion bekam er immerhin eine Kusshand von mir, aber im Nachhinein ärgere ich mich darüber, dass ich nicht zurückgegangen bin und direkt vor ihm meinem Freund die Zun-

ge in den Hals gesteckt habe. Verhalten wir uns anders als heterosexuelle Paare? Nein. Wir halten Händchen beim Spazierengehen, sitzen auf einer Bank und küssen uns oder legen im Kino den Arm um die Schulter des Partners. Ich bin auch nicht entzückt, wenn heterosexuelle Paare sich in der Öffentlichkeit innig küssen, aber das ist mein Problem und nicht deren. Solange dies in einem gewissen Rahmen bleibt, haben sie auch absolut ihr Recht dazu. Genauso hätte ich das Recht, meinen Freund innig auf der Domplatte zu küssen, ohne mir anhören zu müssen, dass dies falsch sei. In Köln Mülheim oder vor dem Hauptbahnhof in Leipzig gab's auch schon Interaktionen mit männlichen Jugendlichen türkisch-muslimischer Herkunft, die alles andere als schön für uns waren. Bisher blieb es dabei zwar bei verbalen Angriffen, aber auch die gehen schon eine ganze Spur zu weit an die Menschenwürde. Auch wenn ich es schaffe, damit noch recht gelassen umzugehen, möchte doch wirklich niemand „Schwuchtel" hinterhergerufen bekommen. Es ist auch in meinen Augen nicht wirklich nachvollziehbar, warum so etwas passiert. Ich stehe ja offensichtlich dazu, eine solche „Schwuchtel" zu sein. Vielleicht fühlen sie sich in ihrer Männlichkeit angegriffen, vielleicht möchten sie aber auch einfach nur beweisen, dass ihre Sehfähigkeit und Auffassungsgabe in Ordnung sind. Einem heterosexuellen Paar würde das in dieser Form eben nicht passieren.

Wenn ich von solchen Ereignissen erzähle, sorgt das bei einigen heterosexuellen Menschen für ein überraschtes

Entsetzen. Das sowas „heutzutage noch“ passiert, scheinen viele Menschen nicht mitzubekommen. Aber wie soll man dies auch mitbekommen, wenn man nicht selbst betroffen ist oder das Thema nicht gerade irgendwie durch die Presse geht. Seit nun gerade einmal zwei Jahren habe ich die Möglichkeit, eine Ehe mit meinem Partner zu schließen. Das Thema ging damals recht groß durch die Medien und bekam viel Kritik ab. Hier einmal beispielhafte Kommentare, die so zusammen mit sich übergebenden Smileys auf sozialen Medien zu diesem Thema abgegeben wurden:

„Ekelhaft ist das!“
„Traurig – es geht abwärts mit Deutschland.“
„Was soll als nächstes kommen? Dass man seinen Hund heiraten kann?!“

Das Interessante an solchen Kommentaren ist, dass ganz ähnliche abgegeben wurden, als zum Beispiel Afroamerikaner oder Frauen ihr Wahlrecht bekommen haben. Letzteres ist hier in Deutschland übrigens gerade einmal 100 Jahre her. Wenn bisher unterdrückte Gruppen Rechte zugesprochen bekommen, die außerhalb ihrer Gruppe selbstverständlich sind, scheinen die privilegierten Teile der Bevölkerung aus irgendwelchen Gründen jegliche Empathie zu verlieren. Sie schlagen geschmacklos um sich und haben plötzlich den Bedarf, ihre Wertvorstellungen aus dem elften Jahrhundert preisgeben zu müssen. Verstehen kann ich das nicht und bin auch irgendwie froh drum. Trotzdem betrifft es mich, denn ich bin weder ekelhaft noch ein Hund. Ich bin lediglich ein Mensch, der nun in der Lage ist, seinen Beziehungsstatus offiziell anzugeben, ohne dass dieser nach einem schulischen Gruppenprojekt oder einem jährlichen Partnerwechsel klingt. Es ging nicht abwärts mit Deutschland, sondern aufwärts, auch wenn diese Öffnung der Ehe viel zu spät geschah.

Während meines Studiums gab es am Campus mehrmals Blutspende-Aktionen vom Roten Kreuz. An diesen hätte ich gerne teilgenommen, wurde auch direkt von den dort anwesenden Mitarbeitern darauf angesprochen. Leider gehöre ich offiziell zu einer Risikogruppe und scheide somit vom Blutspenden aus. Dabei ist nicht relevant, wie häufig ich Verkehr habe, ob Verhütung stattfindet oder dergleichen. Ein Mann, der Sex mit Männern hat, darf nicht spenden. Beziehungsweise dürfte ich es mittlerweile doch, wenn ich 12 Monate keinen Sex mehr mit meinem Partner hätte. Befände ich mich stattdessen in einer heterosexuellen Beziehung, dürfte ich ohne Probleme Blut spenden. – Solange keine häufig wechselnden sexuellen Kontakte existieren, versteht sich. Aber wer definiert dort, was in diesem Fall „häufig" ist? Theoretisch könnte ich mich in einer offenen, heterosexuellen Beziehung befinden und alle paar Monate ungeschützten Geschlechtsverkehr mit anderen Frauen haben, ohne die Auflagen zum Blutspenden zu verletzten. In der Realität müsste ich in Kauf nehmen, für ein ganzes Jahr mit meinem Freund keinen Sex zu haben, um Blut spenden zu dürfen. Für einen jungen, sexuell aktiven Erwachsenen in einer festen Beziehung wie mich steht das allerdings absolut nicht zur Auswahl und macht es schier unmöglich, dieses Kriterium zu erfüllen.

Fakt ist, dass mein Alltag nicht immer so aussieht wie der von „allen anderen". Fakt ist, dass meine sexuelle Orientierung an vielen Stellen meines Lebens Auswirkungen hat und mich eben nicht nur auf der sexuellen Ebene ausmacht. Fakt ist, dass ich persönlich schon ein Dutzend Male in der Öffentlichkeit und im Internet homophob beleidigt wurde. Fakt ist, dass dies einige LGBT[1]*-Personen davon abhält, offen zu sich und ihren Partnern zu stehen. Fakt ist, dass ich aufgrund meiner sexuellen Orientierung von der Blutspende ausgeschlossen werde. Mich definiert deutlich mehr als meine sexuelle Orientierung. Trotzdem gibt es leider Punkte, an denen sie unangenehm im Mittelpunkt steht und ich Hass und Ausgrenzung erlebe. Das geschieht ganz sicher nicht alltäglich, aber eben in alltäglichen Situationen, die meinen Tag dann ganz schön auf den Kopf stellen.*

So könnte ich jetzt noch eine Menge Dinge aufzählen, die über Schwulenwitze, über Angst um den Arbeitsplatz, Ausgrenzung, Gewalthandlungen und vieles mehr berichten. Und ich kann einerseits verstehen, dass ein

[1] lesbisch, schwul, bisexuell und transgender

homosexueller Lebensstil gerade auch die fromme Welt verunsichert, dass sich Feindbilder entwickeln, dass dem Widersacher Gottes sehr viel Macht zugeschrieben wird, dass ihm die Verführung gelungen sei. Ist uns eigentlich bewusst, dass die säkulare Welt, trotz aller rechtlichen Dinge, die auf den Weg gebracht sind, möglicherweise auch ausschließt? Sollten wir als Christen nicht gerade dort handeln, wo ausgestoßen wird? Sollten wir nicht hineinnehmen, so wie Jesus es tat? Selbst wenn wir Homosexualität als Sünde betrachten, warum haben wir so viele Berührungsängste mit Sünde? Was unterscheidet das Christentum von Neonazis oder was trennt das Christentum vom Gedankengut des radikalen Islams, wenn wir homosexuelle Menschen ausgrenzen? Sollten wir als Jesusnachfolger nicht anders handeln? Sie sagen jetzt, das sind empörende Gedanken? Dann lesen Sie einmal nach, wie viele Homosexuelle im Konzentrationslager gestorben sind. Genau wie die Juden mussten sie ein Zeichen tragen, keinen gelben Stern, sondern einen rosa Winkel. Und sie wurden getötet, weil sie als Gefahr für die arische Reinheit angesehen wurden.

Was macht viele Menschen so empört, gerade in diesem Bereich? Wie erklärt sich der unglaubliche Hass in vielen Teilen der Welt, sogar heute noch? Haben wir es hier mit einem Thema zu tun, von dem wir behaupten können: Das war schon immer so? So lange wir zurückdenken können, gab es in unserer Kultur niemals ein allgemeines Befürworten oder eine allgemeine Toleranz Homosexualität gegenüber. Und dort, wo Religion oder Ideologie bestimmte Verhaltensweisen verbieten, wird es für Minderheiten schwierig oder lebensgefährlich, auch wenn sie in ihrem eigentlichen Sein ja niemandem schaden. Deutlich wurde das sehr stark zur Zeit des Nationalsozialismus. Wie schon gesagt, neben der erschreckenden Zahl von Juden, die in den Vernichtungslagern starben, ließen auch Widerstandskämpfer, Andersdenkende, behinderte Menschen und Homosexuelle ihr Leben. Bezüglich des jüdischen Volkes sind die Christen in diesem Land schon lange auf einem Weg der Versöhnung. Ebenso füllt uns Trauer oder Betroffenheit über den Tod eines Dietrich Bonhoeffers oder einer Anne Frank. Sie sind unsere Helden, Märtyrer. Etwas weniger beachtet wird die Gruppe der behinderten Menschen, die ihr Leben im KZ verloren. Doch uns allen ist klar, dass Christen sich selbstverständlich für Menschen mit Behinderung einsetzen. Nur die Gruppe der Homosexuellen erlebe ich bis heute als eine der vergessenen. Tausende wurden wegen ihrer sexuellen Identität im Dritten Reich ermordet.

„Dass die vergasten Schwulen und Lesben – ganz im Gegensatz zu anderen Opfern des Nazi-Terrors – auch heute noch nicht im Bewusstsein einer breiten Bevölkerungsschicht sind und auch von politischer Seite erst ansatzweise rehabilitiert werden, widerspiegelt eine ungeheuerliche, ganz offensichtlich auch heute andauernde Ignoranz und Geringschätzung gegenüber gleichgeschlechtlich Empfindenden.“ (10/Kurt Wiesendanger/ Schwule und Lesben in Psychotherapie, Seelsorge und Beratung S. 29 f.)

Es entzieht sich unserem Blickfeld, aber auch heute werden Homosexuelle in vielen Ländern öffentlich hingerichtet und politische Machthaber schüren Feindbilder gegen diese kleine Gruppe von Menschen, um ihr eigenes Image zu stärken.

Sind diese Beispiele zu hart? Ja, sie sind hart. Und ich weiß, dass wir uns nur allzu gern selbst als die Opfer sehen, als diejenigen, die ihre Meinung nicht frei sagen dürfen und deshalb von der homosexuellen Szene hart attackiert werden. Das bestätigt uns noch in unserem Weg, denn wir lesen ja, dass wir um unseres Glaubens willen manches erleiden müssen. So haben wir innerlich eine Legitimation, in unserem Feindbild zu bleiben. Aber ist hier nicht etwas ganz verdreht? Sollten wir nicht heraustreten aus unserer Opferrolle und hinein in eine gottgewollte Souveränität, die es uns erlaubt, jedem Menschen zu begegnen, jeden Menschen anzunehmen und gerade unseren homosexuellen Geschwistern ihren Glauben nicht abzusprechen? Ja, das mag herausfordern, aber unser Risiko ist überschaubar.

7.4. Rechtliche Auswirkungen auf die Gemeinde

Werfen wir nun kurz einen Blick darauf, wie sich die rechtstaatliche Grundlage, die ich ja weiter vorne im

Buch schon kurz angerissen hatte, auf die Gemeinde auswirkt, denn die Gemeinde Jesu ist ja auch diesem Rechtstaat verpflichtet. Wenn die Gesetze eines Landes aber vermeintlich mit dem Gesetz Gottes nicht kompatibel sind, stehen wir vor einem Dilemma. Wem bin ich verpflichtet, Gott oder meinem Staat? Jesus wird einmal von den Pharisäern gefragt, ob es Gottes Wille sei, dem römischen Kaiser Steuern zu zahlen. Jesus antwortet: „Gebt dem Kaiser, was des Kaisers ist, und gebt Gott, was Gottes ist."

In Bezug auf unser Thema Homosexualität ist das aber nicht ganz so einfach.

7.4.1. Auswirkungen auf die Seelsorge

Das, was der Staat vorgibt, ist „Das Gesetz zum Schutz vor Konversionsbehandlungen."

„Verboten werden sogenannte Konversionstherapien an Minderjährigen generell sowie an Volljährigen, deren Einwilligung auf einem Willensmangel – etwa Zwang, Drohung, Täuschung oder Irrtum – beruht. Zum Beispiel, weil der Behandler sie nicht über die Schädlichkeit der Behandlung aufklärt. Untersagt ist auch Werbung für solche Behandlung. Ziel ist der Schutz der sexuellen Selbstbestimmung.

Verstöße gegen das Verbot der Konversionstherapie werden als Straftaten mit einer Freiheitsstrafe von bis zu einem Jahr sanktioniert...

Das Gesetz gilt nicht für Erwachsene, die selbstbestimmt handeln können."

11/www.bundesregierung.de/ Gesetz zum Schutz vor Konversionsbehandlungen/ Stand:18.04.2021

Das fordert Gemeinden, die in der Ausübung von Homosexualität eine Sünde sehen, sehr heraus. Denn nun müssen Wege gesucht werden, wie zum Beispiel in der Jugendarbeit junge Menschen begleitet werden, ohne das Ziel, einen heterosexuellen Lebensweg zu finden. Seelsorge muss ergebnisoffen gestaltet werden und kann allenfalls begleiten. Aus Sicht derer, die Homosexualität für eine Tat halten, ist das schwierig. Wer Homosexualität als Identität versteht, der kann dem jungen Menschen an diesem Punkt entspannter Hilfe bieten.

Die Deutsche Evangelische Allianz hat hierzu eine Handreichung herausgegeben, die Hilfen geben soll, wie in der Beratung oder Begleitung gearbeitet werden kann. 12/Handreichung der Deutschen Evangelischen Allianz (https://www.ead.de/fileadmin//user_upload/2020_Konversionstherapie.pdf)

Wenn man im Internet ein wenig stöbert, stößt man in Bezug auf dieses Thema auch auf Beiträge, in denen erwachsene Menschen sich mit versteckter Kamera in

Beratung begeben, nur um fromme Berater der Lächerlichkeit preiszugeben. Das finde ich einen miesen Weg. Er trägt nicht dazu bei, offen in einen Dialog zu treten und den anderen für sich zu gewinnen, sondern nur, seinen eigenen Standpunkt zu festigen. In einem freien Land sollte jeder seine Meinung sagen und vertreten dürfen. Undercover-Aktionen sollten wirkliche Missstände aufdecken.

Für mich gehört es auch zur Freiheit, dass jeder Mensch für sich selbst seinen Weg findet. Wer nur schwer mit seinen homosexuellen Gefühlen leben kann, muss somit eine Möglichkeit haben, Hilfe zu finden. Wenn Berater Angst vor Bestrafung haben müssen, wenn sie aus ihrer Sicht versuchen zu helfen, dann macht mich das betroffen. Wenn christliche Beratung entweder in ein Feindbild geschoben, belächelt oder mit Repressalien belegt wird, dann sehe ich das kritisch.

7.4.2. Auswirkungen auf Eheschließungen

Doch nun zu einem Thema, das auch nicht einfach für die Gemeinden zu bewältigen ist. Die rechtsstaatliche Grundlage für gleichgeschlechtliche Eheschließung wurde geschaffen. Was nun? Was empfinden wir, wenn ein homosexuelles Paar nun auch noch den Segen des Herrn für sich möchte? Was kommt da auf die Gemeinde zu? Wie brandaktuell das Thema ist, zeigt die jüngste Stellungnahme des Papstes, der sehr klar die Segnung untersagt. Doch augenscheinlich gibt es einige Menschen, die sich dieser Anordnung nicht so einfach ergeben.

Ich selbst habe meinem Sohn vor einigen Jahren gesagt, dass ich zwar ihn und seinen Freund einzeln segnen könne, niemals aber ihre Verbindung unter den Segen Gottes stellen werde. Ich habe im Kapitel: „Unsere eigene Geschichte“ bereits etwas dazu geschrieben. Auf einem Seminar, ich weiß gar nicht mehr, wo es stattfand, hörte ich, dass es Christen gibt, die genau das tun, nämlich homosexuelle Paare unter den Segen Gottes stellen. Oftmals seien das Hochzeiten, zu denen niemand hinginge. Wir wohnen in der Nähe eines Friedhofs. Dort gibt es von Zeit zu Zeit Andachten zu Ehren von Menschen, die niemanden mehr hatten, der zu ihrer Beerdigung ging. Das steht manchmal in unserer Tageszeitung. Mich macht das immer ganz traurig. Die Vorstellung, dass es vielleicht keinen mehr interessiert hat, dass es diesen Menschen gab, ist wirklich beklemmend. Möglicherweise ist er oder sie einsam in seiner Wohnung gestorben, oder in einem Pflegeheim mit einer Betreuung, die durch den Pflegeschlüssel (nicht durch die Bereitschaft des Personals) zu wünschen übriglässt? Und können wir jetzt einen Sprung machen und uns eine Hochzeit vorstellen, zu der niemand hingehen mag? Die vielleicht gar nicht gefeiert wird, weil niemand bereit ist, das Paar zu trauen? Können wir uns vorstellen, wie es sich anfühlt, heimlich, still und leise heiraten zu müssen, weil Familie, Freunde und auch Gemeinde kein Interesse daran haben oder Ablehnung signalisieren mitzufeiern, dass zwei Menschen ihren Lebensweg gemeinsam gehen wollen? Das ist eine Realität fernab des CSD. Das hat mich bewogen, nach Menschen Ausschau zu halten, die gerne und bewusst homosexuelle Menschen segnen. Und mir ist hierbei wichtig, dass ich nicht im Umfeld der liberalen Kirche gesucht habe. Wie können wir fundamentalen Glauben mit Segnung homosexueller Menschen verbinden? Geht das überhaupt? Lesen Sie hierzu einen Beitrag von Jutta Schierholz, Theologin aus Berlin.

Der 8. August 2020 ist ein Datum, das mir in Erinnerung bleiben wird. An diesem heißesten Tag des Jahres feierten wir in der leuchtenden Zionskirche in Berlin-Mitte die kirchliche Segnung für Dirks und Joseps Eheschließung. Die Corona-Pandemie hatte einige Einschränkungen erforderlich gemacht, doch die beiden hatten es trotz aller Unsicherheiten geschafft, ein wunderschönes Fest auf die Beine zu stellen. Blumen, Musik, viele strahlende Menschen in schönen Kleidern. Wer dabei war, sagte hinterher: Es war magisch.

Ich war an diesem Tag fast genauso aufgeregt wie die beiden Bräutigame, denn auch ich betrat hier Neuland. Eine Hochzeit zweier Männer hatte es bisher weder in unserer Gemeinde noch in meinem weiteren Umfeld gegeben. Ich konnte auf keine gewachsene Liturgie zurückgreifen und nutzte deshalb für den Ablauf weitgehend die Handreichung der hiesigen Landeskirche für den Traugottesdienst gleichgeschlechtlicher Paare. Es war etwas Neues, und doch verliefen die Gespräche, Vorbereitungen und Abläufe nicht anders, als wenn ich einen Mann und eine Frau vor mir gehabt hätte: die Nervosität, die Tränen, die überschwängliche Freude.

Auch für mich persönlich war es ein weiter Weg gewesen, bis ich wirklich ein Ja zur Segnung homosexueller Paare gefunden hatte. Ich selbst stamme zwar aus keinem „frommen" Elternhaus, hatte mich aber als Teenager bekehrt und meine geistliche Heimat in der Freien Evangelischen Gemeinde gefunden, die es in unserem kleinen südbadischen Nest gab. Über Homosexualität wurde dort höchstens hinter vorgehaltener Hand gesprochen. Ich erinnere mich an einen Freund aus der Jugendgruppe, dessen älterer Bruder nach Berlin gezogen war und dort „in der Welt" lebte, wie man sagte – seine Mutter verriet mir eines Tages, dass er schwul war und sie fleißig für seine Umkehr betete.

Dergestalt war auch das Klima an der Freien Hochschule in Basel, an der ich später Theologie studierte. Homosexualität galt als eine Erscheinungsform der gefallenen Welt. Einer unserer Dozenten, der der doppelten Prädestination nahestand, nannte Homosexualität sogar ein Indiz für die Vorherbestimmung zur Verdammnis. Mir war das damals schon zu krass. Aber es gab ja auch noch den viel „gnädigeren" Ansatz, Homosexualität als psychische Störung zu betrachten, von der ein Mensch gesunden könne. Das passte auch wunderbar zu den Geschichten von Wiederherstellung und Neubeginn, zu denen uns das Evangelium befähigt, und ich sah lange keinen Grund, dies zu hinterfragen.

Nach Abschluss meines Theologiestudiums distanzierte ich mich von so einigen allzu engen Haltungen, die mir dort vermittelt worden waren, doch diese konservative Einstellung gegenüber Homosexualität vertrat ich auch noch, als ich nach Berlin gezogen war und an der Freien Universität ein paar Semester Literaturwissenschaft studierte. In Berlin begegnete mir so einiges, was ich bisher nur aus der Theorie kannte – so auch einige offen schwul lebende Kommilitonen. Je näher ich diese kennenlernte, desto mehr Risse bekam das Bild vom bedauernswerten, psychisch labilen Homosexuellen: Im Leben meiner neuen Freunde waren nun mal einfach keine schlimmen Traumatisierungen oder Defizite zu erkennen. Ich lernte vielmehr eine Reihe wunderbar feinsinniger, sensibler, kreativer Menschen kennen und musste mir eingestehen, dass hier nicht ich diejenige war, die ihnen etwas zu geben hatte, sondern dass umgekehrt sie mich enorm bereicherten. Wir sprachen des Öfteren auch über meinen Glauben und ich erinnere mich, wie interessiert zwei meiner Freunde daran waren und wie gerne sie mal in den Gottesdienst der Gemeinde mitgekommen wären, die ich damals besuchte – und wie sehr es mich schmerzte, dass ich ihnen dringend davon abraten musste, diesen Raum zu betreten. Ich sah es förmlich vor mir: die befremdeten Blicke der Gemeindemitglieder, wenn ein schwules Paar zur Tür hereinkommt …

Der Schlüsselmoment war für mich dann aber das Outing einer meiner ehemaligen Studienkolleginnen, mit der ich mehrere Jahre lang eine Wohnung geteilt hatte. Ich war erschüttert darüber, wie wir, sie selbst eingeschlossen, all die Jahre komplett übersehen konnten, dass sie lesbisch ist. Erst mit Ende 20 war sie schließlich soweit, dass sie sich selbst ihre Identität eingestehen konnte. Mir fiel es im Nachhinein wie Schuppen von den Augen, als ich über unsere gemeinsamen Studienjahre nachdachte: Es wäre doch sonnenklar gewesen, wenn wir nur mehr darüber gewusst und ihr und uns allen den nötigen Raum zugestanden hätten, uns offen mit unserer sexuellen Identität auseinanderzusetzen. Unter uns Theologiestudierenden galt unsere Kommilitonin damals einfach als eine Person, die die paulinische Gabe der Ehelosigkeit besaß. Diese ihr zugeschriebene „besondere Heiligung“ entpuppte sich nun als komplette Lüge, die wir alle bereitwillig geglaubt hatten, weil wir mit der Wahrheit nicht hätten umgehen können. Ich war erschüttert, wie sehr wir alle damals davon überzeugt waren, dass wir der „Welt“ die Wahrheit des Evangeliums bringen könnten, und wie wenig wir tatsächlich über diese Welt sowie die vermeintliche Wahrheit wussten.

Meine Freundin schickte mir Valeria Hincks Buch „Streitfall Liebe". Es war meine erste Begegnung mit einer anderen Lesart der Bibel und insbesondere der paar Verse, die in der evangelikalen Theologie allgemein zum Thema Homosexualität herangezogen werden. Ich war damals nicht auf Anhieb überzeugt, zumal man der Autorin ein gewisses Eigeninteresse in ihrer Argumentation unterstellen kann, aber mir wurde klar: Wenn es möglich ist, dass Frau Hinck recht hat – und sei es noch so unwahrscheinlich – dann darf ich nicht felsenfest auf einer Lesart der Bibel beharren, die für manche Menschen so fatale Folgen hat, sondern muss hier einen Spielraum lassen.

Hincks Gedanken hatten für mich aber auch etwas Befreiendes. Denn wenn es so ist, dass der Widerspruch gar nicht in der Bibel, sondern in meiner Haltung dazu liegt, dann darf ich in aller Freiheit versuchen, die Bibel mit anderen Augen zu lesen, ohne dass ich dafür mein evangelikales Bibelverständnis preisgeben muss. Nach der Lektüre einiger weiterer Bücher zur Umwelt und Auslegungsgeschichte der Bibel wird mir heute zunehmend deutlich, mit welchem homophoben Vorverständnis die klassische evangelikale Exegese hier hantiert und welche Rolle hierbei kulturelle Prägungen und gesellschaftliche Tabus spielen. Inzwischen bin ich der Ansicht, dass sich rein aus der Bibel überhaupt keine negative Sichtweise von Homosexualität ableiten lässt. Gottes Schöpfung ist vielfältiger, als ihr oft zugestanden wird, und diese Vielfalt ist gut und gottgewollt. Die Homosexualität eines Menschen ist kein Defizit, sondern eine besondere Gabe. Und diese Haltung kann ich haben, ohne vom Glauben abzufallen. Ganz im Gegenteil: Ich empfinde sie als große Bereicherung für meinen Glauben, so wie auch meine queeren Freunde mein Leben bereichern.

Natürlich wurde mir rasch klar, dass ich mir mit diesen Ansichten in evangelikalen Kreisen nicht nur Freunde mache. Der Einfachheit halber hielt ich mich deshalb mit meiner neuen Haltung gegenüber Homosexualität eher bedeckt. Heute schäme ich mich dafür, dass ich nicht früher begonnen habe, mich dafür einzusetzen, dass queere Menschen den Platz in unseren Gemeinden bekommen, der ihnen zusteht. Denn Anfang 2019 geschahen mehrere Dinge gleichzeitig.

Es erschien ein Buch mit dem Titel „Nicht mehr schweigen", in dem 25 homosexuelle Christen aus ihrem Leben erzählen. Ich hatte von dem Projekt gehört, gerne das Crowdfunding dafür unterstützt und das Buch auf meinem Blog besprochen. Kurz darauf meldete sich per soziale Medien bei mir ein Mann aus meiner heutigen Gemeinde, den ich bisher nur vom Sehen kannte. Er bedankte sich für meinen Blogartikel und gab sich als einer der Autoren zu erkennen.

Es war Dirk. Mir fiel vor Schreck fast das Handy aus der Hand. Ich hatte wirklich keine Ahnung gehabt, wie nahe mir die ganze Sache schon seit Jahren gewesen war. Dirk hatte in unserer „Kirche für die Stadt", als die sich unsere Gemeinde bezeichnet, zwar ein geistliches Zuhause gefunden, doch eine klare Aussage vonseiten der Gemeindeleitung zum Umgang mit homosexuellen Menschen war stets vermieden worden, obwohl klar war, dass es unter den regelmäßigen Gottesdienstbesuchern außer Dirk noch einige weitere queere Personen gab. Das hatte ganz offensichtlich mit unserem Gemeindebund zu tun, der bezüglich Homosexualität eine deutlich ablehnende Haltung vertritt: Homosexuelle dürfen hier offiziell weder Ämter in der Gemeinde ausüben noch eine Partnerschaft eingehen. Unsere Pastoren ließen Dirk zwar die Buchhaltung der Gemeinde leiten, vermieden es aber, damit allzu offen umzugehen. Kein Wunder, dass er mit dieser Art der Behandlung unzufrieden war. Ich selbst war zutiefst erschrocken und empört darüber, dass die Leitung meiner eigenen Gemeinde in dieser Sache so wenig Rückgrat zeigt.

Ähnlich wie mir ging es einigen weiteren Menschen in unserer Gemeinde: Anfang 2019 fand sich eine Gruppe von Menschen zusammen, die seither gemeinsam daran arbeiten, wie wir als Gemeinde ein Bewusstsein und eine Offenheit für queere Menschen entwickeln können.

Inzwischen bewegen sich ja viele Gemeinden hin zu einer etwas entspannteren Haltung zum Thema Homosexualität. Es setzt sich zunehmend die Überzeugung durch, dass Homosexualität ein unveränderbarer We-

senszug eines Menschen ist und folglich Wege gefunden werden müssen, homosexuelle Menschen in die Gemeinde zu integrieren. In vielen Gemeinden heißt das konkret, dass queere Menschen Mitglieder sein und in manchen Fällen „sogar" mitarbeiten dürfen – vorausgesetzt, sie verzichten komplett auf partnerschaftliche Beziehungen, da gelebte Homosexualität dort nach wie vor als Sünde gilt.

Diese Haltung, die oft als eine vergleichsweise „offene" präsentiert wird, ist in meinen Augen nichts weiter als die Fortsetzung der Demütigung queerer Menschen auf einer subtileren, aber nicht minder destruktiven Ebene. Ein homosexueller Mensch, der in evangelikalen Kreisen aufgewachsen ist, ist mit dieser Art von entwürdigender Botschaft („Du bist ein Mensch zweiter Klasse und darfst froh sein, dass du überhaupt bei uns sein darfst!") schon sein Leben lang vertraut. Viele solcher Menschen haben es nie geschafft, so viel Selbstvertrauen aufzubauen, dass sie diese Aussagen als falsch erkennen und sich dagegen zur Wehr setzen. Nur so kann ich es mir erklären, dass sich doch relativ viele Menschen mit dieser Art des Umgangs einverstanden zeigen und sogar einem Verzicht auf das Ausleben ihrer Sexualität zustimmen, wenn sie dafür nur Teil der Gemeinde sein dürfen. Jeder Mensch mit einem gesunden Bewusstsein für sich selbst wird hier Reißaus nehmen, und so haben es ja auch schon viele queere Menschen getan.

Ganz abgesehen von der Frage, ob es für einen solchen von außen verordneten Zölibat überhaupt eine theologische Grundlage gibt, finde ich derartige Geschichten von einem seelsorglichen Standpunkt aus unerträglich. Eine christliche Gemeinde, die manche ihrer Mitglieder derart in ihrer seelischen Entwicklung behindert und das auch noch als gottgewollt verkauft, hat ihren grundlegenden Auftrag ins Gegenteil verkehrt. Wenn das Evangelium wirklich eine befreiende Botschaft ist, dann muss es in einer Gemeinde auch Wege geben, allen Menschen den Raum dafür zu eröffnen.

Viele Gemeinden und Gemeindebünde befinden sich gerade in einem Prozess der Entscheidungsfindung, wie mit Segnungen gleichgeschlechtlicher Paare umgegangen werden soll. Davor wird allgemein noch zurückgeschreckt. Zu ungewohnt scheint noch das Bild von zwei Frauen vor dem Altar oder zwei Männern, die gemeinsam ein Kind erziehen. Zu stark sind oft noch die Bedenken, den traditionellen Ehebegriff, der sich in anderer Hinsicht inzwischen schon stark gewandelt hat, auch auf Menschen gleichen Geschlechts auszuweiten. Für viele konservative Christen gilt die „Ehe für Alle" tatsächlich als Symbol für den Abfall vom Glauben, was ein nüchternes Nachdenken über die Frage quasi unmöglich macht. Und so wird mancherorts seit Jahrzehnten gerungen – und bleibt den betreffenden Menschen nichts anderes übrig, als weiter abzuwarten.

Dirk hatte jedenfalls keine Lust mehr, auf irgendetwas zu warten. Er hatte einen sehr patenten Lebensgefährten gefunden und die beiden wollten heiraten. Unsere beiden Gemeindepastoren hätten aber vermutlich ihren Job bei unserem Gemeindebund riskiert, wenn sie den beiden den Segen Gottes gegeben hätten. Was nun?

Nun, ich bin ebenfalls zur Pastorin ausgebildet. Ich habe zwar nie eine Gemeinde übernommen, sondern bin freiberuflich tätig – aber genau dieser Umstand kam mir jetzt entgegen. Frei von allen innerkirchlichen Auseinandersetzungen kann ich selbst entscheiden, wem ich den Segen Gottes zuspreche. Und da ich theologisch nichts finden kann, das als wasserdichtes Argument gegen eine Segnung eines gleichgeschlechtlichen Paares taugt, habe ich mich gerne dazu bereit erklärt, die Segnung der beiden zu übernehmen. Und es war für mich dann nur naheliegend, meine Dienste auch anderen Paaren zur Verfügung zu stellen, die in einer ähnlichen Situation sind.

Ich hatte bisher eher gezögert, freie Segnungen zu halten. Für mich gehören Segnungsfeiern aller Art in den Rahmen einer Gemeinde und ich fühle mich auch nicht wirklich gut dabei, geistliche Handlungen gegen Geld anzubieten; mir fehlt dabei die grundlegende Beauftragung und Legitimierung durch die Gemeinde. Jedoch liegen hier für mich Sonderfälle vor, die den Umständen geschuldet sind. Meine Legitimierung ziehe ich deshalb letztendlich aus der Beauftragung durch das Paar selbst, das sich diesen Segen wünscht. Und in der Regel sind die beiden Menschen, die heiraten, in eine Gemeinschaft von Freunden und Mitchristen eingebunden, die zwar oft klein, dafür aber umso herzlicher ist. Gemeinde ist, wo Christen sind. Und das Priestertum aller Gläubigen ist ebenso ein evangelisches Prinzip.

Segen ist ein kostbares Gut, das wir von Gott empfangen. Im Segen wird uns Gottes Liebe und Fürsorge direkt zugesprochen. Das hat ein viel stärkeres Gewicht als zum Beispiel Fürbitte oder gute Wünsche. Im Segen wird die Beziehung zwischen Gott und Mensch gestärkt oder, wo es nötig ist, wiederhergestellt, „weil sich im Segen die Ganzheit der Zuwendung Gottes ausdrückt und die Ganzheit des empfangenden Menschen erzielt werden will. Das Ziel des Segens Gottes ist der shalom des Menschen und der Welt". (13/Dorothea Greiner, Segen und Segnen, Kohlhammer, Stuttgart 2003, S. 98.)

Queere Christen brauchen diesen Segen nicht minder als wir alle. Der Zuspruch des Segens Gottes zur Eheschließung, der für uns Heterosexuelle so selbstverständlich ist, kann für homosexuelle Menschen in der Tat Heilung bedeuten – in ihrer Beziehung zu Gott, zu sich selbst, zu ihrem Ehepartner und zu uns als Gemeinde. Dem schließt sich auch der christliche Psychiater Martin Grabe in seinem Buch „Homosexualität und christlicher Glaube" an. Grabe wünscht sich aus seiner therapeutischen Erfahrung heraus, dass homosexuellen Christen ebenso wie heterosexuellen ermöglicht werden soll, eine Ehe unter dem Segen Gottes und der Gemeinde einzugehen, und dass Gemeinden zu Orten werden, an denen Gottes Liebe und Fürsorge für alle(!) Menschen erfahrbar wird.

Als Gemeinden sind wir noch auf dem Weg dahin. Einstweilen werde ich gerne weiter in freien Segnungen diesen Segen zusprechen und damit darauf hinarbeiten, dass es immer mehr zu einer Selbstverständlichkeit wird, dass in unseren Gottesdiensten queere Ehepaare sitzen, die ein ganz normales Eheleben führen, und dass niemand seine Identität verstecken muss.

Unvergesslich sind mir Dirks Tränen während des Segnungsgottesdienstes. Dass es tatsächlich geschieht, dass diese Bibeltexte über menschliche Zweisamkeit und Gottes allmächtige Liebe wirklich ihm und seinem Partner gelten sollten und dass auch die Beziehung dieser beiden Männer zueinander unter Gottes gutem Segen steht – das war für ihn eine überwältigende und so unglaublich heilsame Erfahrung. In solchen Momenten wird für mich das Ja Gottes zu allen Menschen und auch zu dem, was ich da tue, sehr greifbar.

Durch diesen Bericht sind wir eigentlich schon mittendrin in dem Thema, das im nächsten Kapitel angesprochen wird. Denn nicht nur der Einzelne, sondern jede Gruppierung der Gemeinde Jesu braucht eine Antwort darauf, wie sie mit dem Thema Homosexualität umgeht. Gemeinde braucht eine Stellung zum Thema Homosexualität. Folgendes Zitat empfand ich als herausfordernd und treffend, um Sie in das nächste Kapitel mitzunehmen.

„Es geht nicht darum, was man alles tun darf oder welches Fehlverhalten wir aus der Gemeinde verdammen sollen. Man könnte ja mal versuchen, etwa die Treulosen aus der Gemeinde zu verdammen oder die, die den Eltern ungehorsam sind. Es wird nicht gelingen, die Gemeinde auf diese Art zu heiligen.

Dass Homosexualität in der Vergangenheit immer ein Verhalten war, von dem man die Gemeinde gut reinhalten konnte, hat weniger geistliche als vielmehr gesellschaftliche Gründe. Es outete sich einfach niemand, sodass die Gemeinden scheinbar rein waren von Schwulen und Lesben, während diese aber in Wirklichkeit im Untergrund lebten.“ (14/Carsten Schmelzer/ Homosexualität, S.106)

8. Homosexualität und Gemeinde

Ja, wir sind schon mittendrin im Thema. Zwei krasse Spannungsfelder habe ich schon aufgezeigt, die Seelsorge und die Eheschließungen. In solch einem Spannungsfeld befand sich die Gemeinde Jesu, sobald sie geboren war. Die ersten Christen waren Judenchristen. Eine Menge Fragen werden aus den Briefen an die Gemeinden deutlich.

8.1. Gemeinde im Spannungsfeld

Die Spannung begann mit dem Wirken Jesu schon vor der ersten Gemeindegründung. Niemand zuvor hat die damaligen Frommen so aufgewühlt und durcheinandergebracht wie der Sohn Gottes selbst. Jesus selbst stellte die Frommen und ihre Haltungen massiv in Frage. Und bei aller Skepsis den Pharisäern gegenüber, die nicht zuletzt in der Härte begründet liegt, mit der Jesus selbst ihnen begegnet, möchte ich doch auch das Dilemma wahrnehmen, in dem sie sich befanden. Das, was sie gelernt hatten, war ja das, was richtig war! Ich sage es noch einmal anders: Das komplette Konstrukt des Regelwerks war ihre Sicherheit. Nur so konnte man Gott gefallen. Und ihre Aufgabe war es, dafür zu sorgen, dass diese Regeln auch eingehalten wurden. Die Pharisäer genossen ein hohes Ansehen vor den Menschen, schließlich waren sie die Gelehrten, die Gebildeten, diejenigen, die der breiten Masse weit überlegen waren. Und dann kommt dieser Jesus und durchbricht dieses Regelwerk. Er sucht sich seine Gefolgschaft in einfachen Fischern, hat Gemeinschaft mit den verruchtesten Menschen der damaligen Zeit und ist mit einer Vollmacht gesegnet, wie es vorher keinen gab. Und dann sagt Jesus ihnen auch noch so richtig seine Meinung. Er beugt sich nicht in Ehrerbietung vor ihnen. Er nennt sie: blinde Blindenführer, Heuchler, durch die den Menschen der Zugang zum Reich Gottes versperrt wird. Scheinheilige, die sogar darauf achten, den Zehnten von Küchenkräutern zu geben, denen aber Gottes Forderungen nach Gerechtigkeit, Barmherzigkeit und Glauben gleichgültig ist ... Jesus und seine Jünger durchbrechen die Regeln, sind mit den Menschen zusammen, durch die man sich unrein macht, raufen am Sabbat die Ähren aus ... Und dadurch, dass Jesus dieses Regelwerk durchbrach, nahm er den Pharisäern ihre Macht, die Menschen mit dem Regelwerk unter ihre Kontrolle zu bringen. Wobei Jesus seinen Jüngern nicht gebot, die Gesetze nicht mehr zu halten. Sein Zorn richtete sich vor allen Dingen auch darauf, dass die Pharisäer und Schriftgelehrten sich selber nicht an das Gesetz hielten. So brachte er ihr ganzes System ins Wanken.

8.2. Regeln sind nicht alles

An diesem Punkt denke ich, dass es legitim ist, eine Parallele zu unserem eigentlichen Thema zu ziehen. Was kommt eigentlich für uns als Gemeinde ins Wanken, dadurch, dass Menschen in homosexuellen Beziehungen leben? Erst mal bleibt uns nichts anderes übrig, als Regeln aufzuzeigen. Und diese Regeln sagen augenscheinlich schwarz auf weiß: Es ist nicht erlaubt. Aber wie ich ja weiter vorne im Buch schon ausführte: Regeln sind nicht alles. Wir dürfen uns mutig fragen, ob nicht vielleicht auch wir manchmal das Wichtigste vergessen, so wie Jesus die Pharisäer hinterfragt: „Sogar von Küchenkräutern wie Minze, Dill und Kümmel gebt ihr den zehnten Teil. Aber die viel wichtigeren Forderungen Gottes nach Gerechtigkeit, Barmherzigkeit und Glauben sind euch gleichgültig." (HfA, Mt. 23, 23b)

Es macht mich traurig, wenn Gemeinde nicht mehr ist als ein Regelwerk. Mal abgesehen davon, dass ich nicht weiß, was Menschen heutzutage dazu motivieren sollte, sich einem Regelwerk anzuschließen? Das, was Menschen suchen, sind nach meiner Meinung Beziehungen. Beziehungen, in denen sie selbst individuell sein dürfen, in denen sie in ihrer Individualität geliebt und angenommen sind. Beziehungen, die sich durch Integrität und Authentizität auszeichnen.

In der Bibel steht, dass man die Jünger Jesu an der Liebe zueinander erkennen kann. Was bedeutet denn das? Woran erkennt man von außen, dass Menschen sich lieben? Wie wird deutlich, dass wir als Gemeinschaft leben, was uns als Auftrag gegeben ist? Einer achte den anderen höher als sich selbst. Einer trage des anderen Last. Einer komme dem anderen mit Ehrerbietung zuvor. Kann es sein, dass Gemeinde besser daran täte, sich auf das Ausleben von Werten, wie Freundschaft, Zusammenhalt, gemeinsame Ziele usw. zu konzentrieren, anstatt darauf, ob sich auch bloß jeder regelkonform verhält?

Natürlich braucht es Regeln. Sie wissen, ich bin Erzieherin. Ohne Regeln können Menschen nicht miteinander leben. Aber es sollte so wenig Regeln wie möglich und nur so viele nötig geben. Und in einer fröhlichen Freiheit darf es Ausnahmen von Regeln geben. Regeln sollten immer wieder hinterfragt werden. Was ich in meinem pädagogischen Alltag als absolut hilfreich empfinde, ist außerdem, wie Kinder das, was vielleicht in dem Moment „verboten" ist, aber dem Bedürfnis entspricht, an anderer Stelle oder anders erreichen können.

Ich möchte Ihnen hierzu ein erlebtes Beispiel erzählen, das einige Jahre zurückliegt. Ich arbeitete im Bereich des Offenen Ganztags. Die Betreuung der Kinder fand in einem Jugendzentrum statt. Da dieses Jugendzentrum auch für Feierlichkeiten genutzt wurde und das Gelände, auch wenn das Zentrum nicht geöffnet war, frei zugänglich war, fanden sich immer wieder leere Glasflaschen im Gebüsch. Eines unserer Kinder liebte es, diese zu zerschmettern. Die Regel war klar: Es ist verboten, Glasflaschen auf dem Gelände zu zerschlagen, denn so lagen viele gefährliche Scherben herum. Das Kind hörte aber nicht damit auf. Egal welche Konsequenzen auf das unerwünschte Verhalten folgten, suchte es immer wieder Flaschen und ließ sie fliegen. Das machte uns als Mitarbeiter etwas verzweifelt, denn zum einen wollten wir keine Scherben, zum anderen wollten wir das Kind nicht strafen. Doch dann war die Lösung auf einmal ganz einfach, denn als ich nachfragte, was das Kind denn so am Flaschenzerdeppern mochte, kam heraus, dass das Schönste nicht die Scherben, sondern der Klang des Zerschellens war. Ich fragte, ob denn der scheppernde Klang einer Dose auch in Ordnung wäre, was das Kind bejahte. Schon war eine Lösung gefunden! Von nun an landeten alle Flaschen im Altglas und die Dosen schepperten.

Als ich meinem Mann noch ein anderes Beispiel einer Ausnahme benannte, wobei es um das Toben und Rennen im Gruppenraum meiner U-3-Gruppe im Familienzentrum ging, meinte er spontan, dass ein Kind es ja dann nicht einschätzen könne, wenn es mal etwas dürfe und mal nicht. Vielleicht bekommt man dann die Situation nicht mehr geregelt. Da merkten wir, dass hier vielleicht ein Kernpunkt unserer Ängste liegt. Was ist, wenn es Ausnahmen gibt? Sicherheit finden wir in der Einhaltung von Regeln. Ausnahmen bringen irgendwie durcheinander, können verunsichern.

8.3. Grenzen erweitern

Folgende Fragen würden sich somit der Gemeinde stellen: a) Wie wäre es möglich, Formen zu finden, die Sicherheit durch Grenzen geben und wertschätzendes Miteinander ermöglichen? b) Wie kann Gemeinde dem Einzelnen individuelle Weite zugestehen, im Vertrauen darauf, dass der andere verantwortungsvoll lebt? Vielleicht wäre der Begriff einer geordneten Freiheit richtig. Ein Mensch, den ich sehr schätze, sagte kürzlich: „Unsere Aufgabe als Leitung ist es, Menschen zum Blühen zu bringen.“ Das hat mich sehr bewegt und ist ein wirklich schönes Bild. Wenn Pflanzen zum Blühen kommen sollen, dann werden sie in die Erde gesetzt, gegossen, gedüngt, geschützt, gepflegt. Eine Pflanze braucht Raum, in dem sie sich entfalten kann. Natürlich mag hier der ein oder andere einwenden, dass Pflanzen auch beschnitten werden und dass wir als Gemeinde auch den Auftrag haben, einander zu ermahnen und zu helfen. Das ist überaus richtig. Die Frage wäre für mich hierbei, wie wir dabei vorgehen. In dem Beispiel des Kindes haben unangenehme Konsequenzen überhaupt nicht das gewünschte Ziel gebracht. In einen Dialog zu treten, war hilfreich. Zu verstehen war hilfreich. Einen neuen Weg zu finden und zu gehen, war hilfreich und in diesem Falle leicht.

Ein gutes Argument für Barmherzigkeit kann auch unser Blick darauf sein, wie wir mit anderen Themen umgehen. Ein Beispiel ist möglicherweise die Rolle der Frau: „Wie in allen Gemeinden sollen auch bei euch die Frauen in den Gottesdiensten schweigen und dort nicht das Wort ergreifen. Stattdessen sollen sie sich unterordnen, wie es schon das Gesetz vorschreibt. Wenn sie etwas nicht verstehen, können sie zu Hause ihren Mann fragen. Denn es gehört sich nicht, dass Frauen in der Gemeinde das Wort führen.“ (HfA, 1. Kor. 14, 34-35) oder: „Trägt dagegen eine Frau keine Kopfbedeckung, wenn sie im Gottesdienst betet oder im Auftrag Gottes spricht, dann entehrt sie ihren Mann. Das wäre genauso, als wenn sie wie eine Dirne kahlgeschoren herumliefe.“ (HfA, 1. Kor. 11, 5) Die Bandbreite christlicher Gemeinschaften lässt eine Vielzahl von Zugeständnissen zu. Dort, wo bestimmte Freiheiten für uns selbstverständlich geworden sind, hinterfragen wir nicht mehr oder sind auch nicht mehr bereit zurückzugehen, denn wer will seine persönlichen Freiheiten schon einschränken lassen?

Das, was wir selbst als kulturrelevant schon verinnerlicht haben, wird von uns nicht mehr in Frage gestellt, sondern als geltende Norm angenommen. Wobei klar ist: Die Gemeinden stehen an unterschiedlichen Punkten. Den Begriff Gemeinde verstehe ich an dieser Stelle als eingeteilt in Konfessionen und Denominationen. Meine Sicht über die weltweite Gemeinde Jesu ist noch einmal eine andere, denn Jesus hat nur eine Gemeinde, eine Braut, eine Gruppe von Kindern, die ihm von Herzen zugewandt sind. Das ist ein anderes Thema und dennoch interessant. Was passiert, wenn ich Gemeinde so viel weitgefasster sehe? Wenn ich mir erlaube, nicht auf das zu achten, was trennt, was anders ist. Was wäre, wenn Gemeinde lernen könnte, ausschließlich auf diesen wunderbaren dreieinigen Gott zu schauen? Wir alle stehen vor ihm in aller Unvollkommenheit und ehren ihn. Welch eine Freiheit liegt darin zu denken, dass es diese Einheit gibt, fernab von Beurteilung, ob der eine wohl zu viel an Maria denkt, der zweite die falsche Musik hört, der dritte die Gefühle zu viel betont, der vierte ein falsches Bild von Taufe hat, der fünfte eine falsche Erkenntnis darüber, wann denn nun das Tausendjährige Reich sein wird ... Diese Liste könnten wir hier noch lange fortsetzen. Was wäre, wenn Gemeinde lernen würde, den anderen wirklich höher zu achten als sich selbst? Was wäre, wenn wir eine Kultur der Wertschätzung und des Respekts voreinander entwickeln könnten, die einem Jesus-mäßigen Lebensstil gerecht wird?

8.4. Nur ein Leib Christi

Der Weg für einzelne Gemeinden ist, so denke ich, weitaus komplizierter und wird ohne einen Prozess, auf den man sich miteinander einlässt, kaum möglich sein. Hilfreich könnte hier die Unterstützung durch einen Supervisor sein. Und der Schluss, zu dem einzelne Gruppen zum Umgang mit homosexuellen Menschen finden, wird unterschiedlich aussehen. Ich denke, es wird eine Bandbreite geben: von Gemeinden, bei denen Homosexuelle keinen Zutritt haben, bis zu denen, die sagen, dass Homosexuelle nicht nur willkommen, sondern wertvolle Mitarbeiter seien. Die Alternative zu einem Miteinander liegt in „Sondergruppen“, in denen sich dann ausschließlich homosexuelle Christen treffen, wobei mir klar ist, dass sich der Begriff „homosexueller Christ“ für den ein oder anderen Leser von vorneherein ausschließt. Solche „Sondergruppen“ können nach meiner Meinung aber nicht das wirkliche Ziel sein, denn die Gemeinde Jesu ist ein Leib.

„So, wie unser Leib aus vielen Gliedern besteht und diese Glieder einen Leib bilden, so besteht auch die Gemeinde Jesu aus vielen Gliedern und ist doch ein einziger Leib ... Nun besteht aber ein Körper aus vielen einzelnen Gliedern und Organen, nicht nur aus einem einzigen. Selbst, wenn der Fuß behaupten würde: ‚Ich gehöre nicht zum Leib, weil ich keine Hand bin!‘, er bliebe trotzdem ein Teil des Körpers. Und wenn das Ohr erklären würde: ‚Ich bin kein Auge, darum gehöre ich nicht zum Leib!‘, es gehörte dennoch dazu. Angenommen, der ganze Körper bestünde nur aus Augen, wie könnten wir dann hören? Oder der ganze Leib bestünde nur aus Ohren, wie könnten wir dann riechen? Deshalb hat Gott jedem einzelnen Organ des Körpers seine besondere Funktion gegeben, so wie er es wollte. Was für ein sonderbarer Leib wäre das, der nur ein Körperteil hätte! Aber so ist es ja auch nicht, sondern viele einzelne Organe bilden gemeinsam einen Leib. Darum kann das Auge nicht zur Hand sagen: ‚Ich brauche dich nicht!' Und der Kopf nicht zu den Füßen: ‚Ihr seid überflüssig!' Vielmehr sind gerade die Teile des Körpers, die schwach und unbedeutend erscheinen, besonders wichtig. Was uns an unserem Körper anstößig erscheint, das verbergen wir sorgfältig, und was uns nicht gefällt, das putzen wir besonders heraus. Denn, was schön ist, wirkt ohnehin. Gott aber hat unseren Leib so zusammengefügt, dass unwichtig erscheinende Teile besonders wichtig sind. Unser Leib soll eine Einheit sein, in der jedes einzelne Körperteil für den anderen da ist. Leidet ein Teil des Körpers, so leiden alle anderen mit, und wird ein Teil gelobt, freuen sich auch alle anderen. An diesem Beispiel wollte ich euch erklären: ‚Ihr alle seid der eine Leib Christi, und jeder einzelne von euch gehört als ein Teil dazu.'" (HfA, 1. Kor. 12, 12-27)

Wir brauchen einander, vollkommen unabhängig von Nationalität, sozialem Stand, Bildung, Denomination, Hautfarbe oder Geschlecht. Wir sind vereint als die, die Jesus lieben, mit dem Auftrag, füreinander da zu sein, Gott zu dienen und unseren Auftrag in der Welt wahrzunehmen.

Logischerweise hat die Haltung zur Homosexualität zum einen Auswirkungen auf die Menschen, die sich in einer gemeindlichen Gruppe befinden, als zum anderen auch eine Wirkung nach außen. Das, was Gemeinde lebt, macht nach innen Atmosphäre und gibt nach außen ein Bild für die, die nicht dazugehören, egal, ob das nun Menschen sind, die dem Glauben nahestehen oder auch nicht. Worüber wir uns auch im Klaren sein müssen, ist, dass bei einer statistischen Berechnung immer eine kleine Zahl „Betroffener“ vorhanden ist. Gehen wir von nur drei Prozent homosexueller Menschen aus, dann ist das in einer Gruppe von 30 Personen einer. Bei einer 200 Personen-Gemeinde wären es ungefähr sechs. Neben dem Tipp mit Coaching oder Supervision fände ich persönlich den Dialog miteinander für eine gemeinsame Zukunft sehr wichtig, denn in Begegnung kann Eis gebrochen werden. Wir reden dann nicht einfach über eine anonyme Gruppe und schüren ein Feindbild, sondern wir haben ein Gegenüber, mit dem wir einfach sprechen können, egal, ob wir seine oder ihre Meinung im Endeffekt nachvollziehen können oder nicht und egal, wie wir unsere Haltungen letztendlich ausrichten.

9. Nachwort

Was bleibt mir nun am Ende noch zu sagen? Zeit meines Lebens habe ich nicht verstanden, warum es so schwer für uns ist, es auszuhalten, dass der andere anders ist. Meine Schwiegermutter sagte immer: „Jeder ist auf seine Weise komisch“, was man vielleicht einfach mit einem Schmunzeln stehenlassen kann. Doch wenn nicht Jesus und seine Gemeinde es schafft, Unterschiedlichkeit auszuhalten und wertzuschätzen, wer dann? Wenn es je eine Zeit gab, die uns herausfordert, als Christen zusammenzustehen in der Erwartung der Wiederkunft Jesu, dann jetzt. Mein Mann hat mich an dieser Stelle immer eine Träumerin genannt, aber ich möchte nicht damit aufhören, an eine Einheit der Gemeinde Jesu zu glauben, egal wie meine Lebenserfahrungen aussehen. Wenn irgendein Glaube es hergeben müsste, den Menschen keine unerträglichen Lasten aufzubürden, sondern freizusprechen, dann doch wohl der Glaube an Jesus Christus. Er hat es vorgelebt. Er hat uns den Auftrag gegeben, dass einer den anderen höher achten soll als sich selbst. Wer unter uns groß sein will, der soll allen dienen. Das Scherflein der Witwe zählt mehr als der Überfluss des Reichen. Jesus war ein Freund derer, die keiner wollte. Er, der das Reich Gottes sichtbar machte. Ich glaube, wir sind herausgefordert, sowohl als Einzelne als auch als Gemeinschaft derer, die Jesus Christus nachfolgen, eine Entscheidung zu treffen. Gehe ich einen Weg der Versöhnung und

spreche meinen homosexuellen Geschwistern ihren Glauben nicht ab, presse sie nicht in das Gesetz oder wählen wir den Weg der Bitterkeit, der Unversöhnlichkeit, den Weg des: „Ich nehme dich an, aber deine Sünde nicht.“ Er führt nicht zu einem gleichberechtigten Miteinander, sondern behält sich immer vor, im richtigen Moment die vermeintliche Sünde des anderen für bestimmte Dinge verantwortlich zu machen. Das ist wie Pfeile in einem Köcher, die ich zu bestimmten Zeitpunkten gezielt abschießen kann. Ich denke, das ist übrigens auch ganz allgemein so zu sehen: Die von mir als solches empfundene Schuld, die ich dem anderen nicht erlasse, ist die Waffe, die ich gegen ihn einsetzen kann. Treten wir heraus aus dieser Schutzhaltung und begegnen dem anderen sozusagen unbewaffnet, dann ist ein gleichberechtigtes Miteinander möglich. Dann soll doch bitte Gott sich um deine und meine Schuld kümmern, was er ja auch unter Aufbietung des höchsten Schmerzes getan hat, und wir sind frei. Frei zu vergeben, was zu vergeben ist. Frei, beim anderen nicht seine Schwächen, sondern seine Stärken zu finden, frei zu einem wertschätzenden Miteinander.
In seinem Geist sollten wir nicht ausgrenzen und uns gegenseitig bekämpfen. Wir sollten das vermeintlich Andersartige nicht wegstoßen, sondern selber anders sein. Wir sollten uns nicht dadurch abheben, dass wir ein Regelwerk gegen andere Regelwerke setzen, sondern dadurch, dass wir untereinander herzliche Liebe üben, die sichtbar ist. Trauen wir uns, in all unserer

Unterschiedlichkeit auf die „Schnittmenge Jesus“ zu schauen und in seinem Geist einander und allen Menschen zu begegnen. An dieser Stelle sind wir alle gefordert, sowohl die heterosexuellen Geschwister als auch die homosexuellen. Denn wenn sich Gemeinde wirklich im Laufe der Jahre bewegen würde – und eine Bewegung ist absehbar –, kommt auch auf die, die sich vielleicht verletzt, verzweifelt oder verbittert zurückgezogen haben, die Herausforderung zu, das Miteinander zu suchen.

Bleibt uns nur zu wünschen, dass wir im Geiste Christi lernen, einander zu vertrauen.

Lüdenscheid, Febr. 2021

10. Literaturnachweis

Die Bibelzitate wurden der
„Hoffnung für alle“, Brunnen 1999 und der
„Lutherbibel“, Deutsche Bibelgesellschaft Stuttgart 1984
entnommen.

- Carsten Schmelzer, Homosexualität, Seiten: (1/S.13, 5/S.200, 6/S.151, 7/S.79, 14/S.106) Brendow, Moers 2015
- Kurt Wiesendanger, Schwule und Lesben in Psychotherapie, Seelsorge und Beratung, Seiten: (2/S.49, 10/S. 29f.) Vandenhoeck u. Ruprecht, Göttingen 2001
- 3/ www.bibelseelsorge.de Stand 03.04.2022
- Roland Werner, Homosexualität und Seelsorge, Seiten: (4/S.16 und 29), Brendow, Moers 1993
- 9/ www.tagesschau.de, Stand 18.12.2019
- Dorothea Greiner, Segen und Segnen, (13/ S.98), Kohlhammer, Stuttgart 2003
- 12/ Handreichung der Deutschen Evangelischen Allianz (https://www.ead.de/fileadmin//user_upload/2020_Konversionstherapie.pdf)
- 11/ www.bundesregierung.de/ Gesetz zum Schutz vor Konversionsbehandlungen/ Stand 18.04.2021
- Andrew Marin: Love is an Orientation, (8/S. 108), IVP Books 2009

Literaturempfehlungen

- Timo Platte, Nicht mehr schweigen, Pro Business 2018
- Martin Grabe, Homosexualität und christlicher Glaube: ein Beziehungsdrama, Francke-Verlag, Marburg 2020
- Vicky Beeching, Undivided, Williams Collins 2018
- Carsten Schmelzer, Homosexualität, Brendow 2015
- Valeria Hinck, Streitfall Liebe, Dortmund-Verlag 2012

Kontakt für queere Menschen:

www.zwischenraum.net

E-Mail: info@zwischenraum.net

Kontakt für Angehörige und Freunde queerer Menschen:

www.endlich-reden.de

E-Mail: info@endlich-reden.de

In diesem Buch wollen die Verfasser der Beiträge 6.3, 6.4, 6.5, 6.6 und 7.3 gerne anonym bleiben. Es gibt aber die Möglichkeit, über den Verlag Kontakt aufzunehmen.

Zur Autorin

Birgit Hartung, Jahrgang 1965, ist verheiratet, Mutter von drei erwachsenen Kindern und arbeitet als Erzieherin in einem Familienzentrum. Neben ihrem pädagogischen Abschluss erwarb sie einen weiteren zur Lebens- und Sozialberaterin, was verschiedenen sozialen Einrichtungen und Gemeinden zugute kam. Nachdem sich zwei ihrer Kinder als homosexuell geoutet hatten, beschloss sie, nach einem langen Weg der Veränderung, ihre Geschichte niederzuschreiben. So entstand dieses Buch, in dem sie als Christin ihre persönliche Betroffenheit beschreibt. Des Weiteren geht es um die Sicht auf Homosexualität im Allgemeinen, mit Blick auf die Gemeinde Christi sowie die Auswirkungen eines Outings auf Familienangehörige.